Lexa Anders

Jesus Christus - heute erlebt

Erlebnisse aus dem Alltag

R. Brockhaus Verlag Wuppertal

R. Brockhaus Taschenbuch Bd. 809

14. Auflage 1988

© 1967 Bundes-Verlag eG, Witten –
   R. Brockhaus Verlag Wuppertal
Druck: Breklumer Druckerei Manfred Siegel KG
Umschlag: Carsten Buschke, Leichlingen 2
ISBN 3-417-20809-2

Inhalt

Vorwort	5
Erlebnis auf der Autobahn	7
Ein kurzes Begegnen	12
Beten hilft!	14
Unterwegs	18
Daß Gott gepriesen werde auf allerlei Weise!	21
Und euer Vater nähret sie doch!	26
... dann ist es sel'ge Zeit!	29
Das Gebet einer Mutter	35
Straßenversammlung in Kleinausgabe	41
Wenn Gott Türen zuschließt und auftut	45
Heute, wenn ihr Gottes Stimme hört...	48
Vater Heidel	55
Jesus inkognito	59
Nochmals: Inkognito	63
„Siehe, Ich habe vor dir gegeben eine offene Tür."	66
Ziba	78

Vorwort

Jesus Christus — heute erlebt

Ist das nicht ein bißchen überholt und veraltet in unserem Zeitalter der Technik und Atomenergie, der Herzverpflanzung und Familienplanung? In einer Zeit der Schnellebigkeit, der Völkerkrisen und der Sucht nach Geld, Ansehen und Ehre? —

Christen sollten Menschen sein, durch die es andern leichter wird, an Gott zu glauben.

Wer einmal den starken Christusgriff in sein Leben hinein erlebt hat, dem ist nichts wirklicher und gewisser als das eine: *Jesus Christus — heute!*

Da wird der Lastfahrer der Landstraße zum Freund, zum Bruder — das Mädchen der Straße zur Schwester, die Rettung und Hilfe braucht — der Trinker zum Nächsten, für den wir die freimachende Gnade erflehen.

Jesus Christus — heute erlebt, heißt nichts anderes als:
Wo die Menschen sagen: „Unmöglich!",
da sagt Er: „Mir ist gegeben alle Gewalt im Himmel und auf Erden."
Wo die Menschen sagen: „Verloren!",
da sagt Er: „Gerettet!"
Wo die Menschen sagen: „Abschaum der Menschheit, es lohnt sich nicht!",
da sagt Er: „Ich habe dich je und je geliebt!"
So habe ich Ihn, Jesus Christus, meinen HErrn und Meister, täglich — heute erlebt!

Hamburg, im Juli 1977

Lexa Anders

Erlebnis auf der Autobahn

Frühere Sonntagschulkinder von mir — jetzt sind sie schon längst erwachsen und verheiratete junge Frauen — bringen mich in aller Morgenfrühe zur Bushaltestelle in der Heide.

Der Bohnenkaffee in der Feldflasche ist gemeinsam „ausgegluckert", die Butterbrote, die liebe Schwesternhände schon abends gestrichen haben, sind ebenfalls mit Behagen verzehrt. Singend marschieren wir im Gänsemarsch durch die stille Heide. Wir sind ein lustiges Völkchen. Die leere Feldflasche wird im Takt vorangeschwenkt, als wir gerade die Autobahn überqueren. Zwei Fernfahrer fassen es als Zeichen auf, mitgenommen zu werden. Sie fahren auf den unmittelbar neben der Brücke liegenden Parkplatz, halten, hupen, winken und warten. Erstaunt bleiben wir stehen. Dann winken wir lachend zurück und rennen mit fröhlichem Hallo auf den Parkplatz.

Die Fernfahrer sind bereit, mich mitzunehmen. Für eine Person sei selbstverständlich Platz. Hunderte von geschlachteten Hühnern lagern hinten im Wagen. Sie sollen in Hamburg abgeliefert werden. Selbst vorn bei den Fahrern muß ich noch über Hühner steigen. Sorgsam werde ich in eine Wolldecke gepackt, zwischen den beiden Männern im Führerhaus verstaut — und los geht es in Richtung Hamburg.

Winkend stehen meine drei Getreuen da, und ich weiß, ihre Gebete sind bei mir. Es ist mir überhaupt eine Gebetserhörung, daß ich so schnell nach Hamburg komme. Ich hatte Urlaub. Mein Dienst in Hamburg beginnt wieder, und ich habe ein schlechtes Gewissen, daß ich mich hatte überreden lassen, bis zum letzten Urlaubstag auf einer Freizeit in Hollenstedt zu bleiben. Dankbar sitze ich im Führerhaus und bete, daß Gott Gnade zu dieser Fahrt geben möge.

Dann kommen wir ins Gespräch. Meine beiden Fernfahrer kommen von einer Firma aus Oldenburg. Es scheinen zwei verwegene Burschen zu sein, wenigsten ihrem Reden nach zu urteilen. Im stillen denke ich mit Entsetzen: „In was für Hände bist du bloß geraten!"

Tolle Reden werden geführt, und ich sitze zwischen diesen beiden Burschen und bete still für mich. Die beiden Fahrer tun mir innerlich auch wieder leid. Soll ich sie halten lassen und aussteigen? Das ist unmöglich! Ich erhalte auch innerlich keine Erlaubnis dazu. Wäre es nicht Feigheit, Unglauben meinerseits, wenn ich aussteigen wollte?

„HErr, Du bist ja da! Ich vertraue Dir! Du hast mir diese beiden Männer in den Weg geschickt!" Daran halte ich mich und bin getrost. Ich will alles aus dieser Sicht sehen.

Plötzlich sagt der eine, er wäre zwar seiner Frau noch nie untreu gewesen, aber heute wolle er einmal über die Stränge schlagen und in die Herbertstraße gehen. Und der andere? Auch er will sich „unterhalten" und einen Nachtbummel durch St. Pauli machen.

Mir tut das Herz richtig weh. Ich warne, ich bitte beide, es doch nicht zu tun. Ich erzähle ihnen von den entsetzlichen Erlebnissen in St. Pauli, die ich während der Streifengänge in meinem Dienst machte, von diesem furchtbaren Höllen- und Sündenpfuhl, um sie zu warnen, um sie abzuschrecken. Entsetzt stelle ich fest, daß ich das Gegenteil damit erreiche. Sie werden immer ausfälliger in ihren Redensarten. Innerlich schreit mein Herz zum HErrn, sich doch dieser beiden armen Menschen zu erbarmen.

Plötzlich sagt der eine: „So, und jetzt noch so'n bißchen Tingel-Tangel-Musik aus irgendeinem Nachtlokal von St. Pauli! – Das wäre was!" Dabei schaltet er den Autorundfunkempfänger ein. Einen Augenblick dauert's, dann – ich traue meinen Ohren nicht – erklingt aus dem Rundfunkgerät keine St. Pauli-Jazzmusik, sondern „Ich bete an die Macht der Liebe, die sich in Jesu offenbart..." Mir stockt beinahe der Atem vor innerem Jubel. Mein Herz klopft vor Freude.

„So'n Quatsch!" stößt der Fahrer ärgerlich hervor. Fest legt sich meine Hand auf die seine, die das Rundfunkgerät ausschalten will.

„Bitte, lassen Sie's an!" bettle ich. „Ich komm nämlich grad aus einer Freizeit und habe dort an der Morgenandacht nicht mehr teilnehmen können. Laßt uns zusammen diese Andacht hören!"

Ein scheuer Blick trifft mich, und nur ein Brummen ist seine unverständliche Antwort. Aber siehe da, er tut mir den Gefallen und läßt den Rundfunkempfänger an. Ich danke ihm dafür. Wieder trifft mich ein scheuer Blick. Beide verhalten sich ganz still. Das Lied wird zu Ende gesungen — eine kurze Morgenandacht folgt. Ich höre kein Wort davon, sondern flehe innerlich zu Gott, Er möge den beiden Sein Wort segnen. Ich halte mich an die Verheißung, daß Sein Wort nicht leer zurückkommen soll. Kaum ist der letzte Satz gesagt, stellt der Fahrer den Empfänger ab und fragt höhnisch:

„So, und jetzt fehlt bloß noch so'n Pfaffe, der das Schlußgebet spricht."

„Och", entgegne ich fröhlich, „das braucht nicht immer gerade ein Pastor zu sein — das kann ich auch. Fahrt den Wagen auf den Parkplatz, der gerade angezeigt wird. Ich möchte Gott dafür danken, daß Er euch mir in den Weg geführt hat und daß ihr mich mit nach Hamburg nehmt!"

Beide sehen sich verdutzt an. Sie merken, daß es mir ernst drum ist. Und tatsächlich — der Fahrer lenkt den Wagen auf den Parkplatz und hält. Verstohlen sieht der eine mich an und zieht langsam seine Mütze vom Kopf. Der andre schaut verlegen zum Fenster hinaus. Ich aber falte meine Hände und danke Gott aus übervollem Herzen für diese Begegnung auf der Autobahn. Ich bitte, Gott möge diese beiden Fahrer segnen und ihnen ihre Freundlichkeit vergelten, die sie mir dadurch erwiesen haben, daß sie mich mitnahmen. Ach, und dann bitte ich, Gott möge doch in Seiner Barmherzigkeit und Liebe verhindern, daß der eine in die Herbertstraße gehe und der andere nach St. Pauli. Ja, Segen für Frau und Kinder erflehe ich und für die beiden eine Begegnung mit dem lebendigen Gott.

Der eine wischt verlegen seine Augen und schnäuzt sich geräuschvoll in sein Taschentuch. Während ich bete, hat auch der andre die Mütze vom Kopf genommen. Beide sehen einander verlegen an. Um die peinliche Stille zu überbrücken, sag ich: „Was guckt ihr so erstaunt? Wir könnten doch jetzt miteinander singen: »Großer Gott, wir loben Dich!« — Könnt ihr das?"

Beide nicken stumm. Der Motor springt an. Wir fahren in der Morgensonne wieder auf der Autobahn dahin, Hamburg entgegen. — Aus zwei kräftigen Männerkehlen schallt nun das Lob Gottes über die weite Autobahn. In mir jubelt es, daß wir solch einen herrlichen, wunderbaren und gegenwärtigen Heiland haben. Erstaunt bin ich, wie fein beide den Text können. Als ich es ihnen sage, werden sie plötzlich gesprächig. Beide sind katholisch. Der eine erzählt von seiner Mutter daheim, die ihren Kindern frühe das Beten gelehrt hat, er erzählt von seinem Elternhaus, in dem Gottes Wort und Gottes Ehre auf dem Leuchter stand.

Der andere berichtet von wunderbaren Bewahrungen mitten im Krieg und von vielem andern.

„Und das habt ihr alles vergessen können? Jungens, fangt wieder neu an, Gott zu suchen!" Das Herz geht mir über vor Freude, ihnen die frohe Botschaft von Jesus bringen zu dürfen.

Plötzlich sagt der eine: „Ich kann nun nicht mehr in die Herbertstraße gehen!"

„Und ich nicht mehr nach St. Pauli!" fährt der andre fort.

Da drücke ich beiden kräftig die Hand. Der eine wischt verlegen mit dem Handrücken über die Augen und der andre meint: „Sie sind uns wirklich wie so'n Schutzengel in den Weg geschickt worden!"

Hamburg ist erreicht. Beide versprechen mir, wieder unter Gottes Wort zu gehen und im Neuen Testament zu lesen. Während der eine mir ein Huhn als Dank entgegenhält, ich aber lachend abwehre und sage: „Nein, danke, dann stimmt euer Lieferschein nicht!", ruft der andre mir aus dem Fenster zu: „Beten Sie weiter für uns!"

Dann fahren sie davon. Ich aber denke seitdem immer wieder an meine beiden Fernfahrer. Ich weiß, Gott läßt sie nicht aus den Augen. Er wird ihnen wieder begegnen. Seine Freundlichkeit wird mit ihnen sein, so wie sie mit uns auf der Autobahn war.

Ein kurzes Begegnen

Laut pfeifend fahren von verschiedenen Fahrtrichtungen zwei Züge zur selben Zeit auf unserem kleinen Heidebahnhof ein. Unmittelbar vor meinem Abteilfenster hält die Lokomotive des anderen Zuges.

Ich habe mich wohlig in eine Fensterecke gekuschelt und genieße das Alleinsein im Abteil. Für zwei Stunden Bahnfahrt allein sein — nichts hören und sehen, keinen Menschen um sich und neben sich haben, das wäre mir wie ein Geschenk, das wäre mir Erholung.

Ich will lesen. Da werde ich plötzlich auf den Lokführer aufmerksam, der sich mit einem todtraurigen Blick zur Lokomotive hinauslehnt. Etwas Liebes, Freundliches, Tröstliches möchte ich diesem traurigen Menschen zurufen. Doch wie soll ich das anstellen? Da fallen mir meine schön in Zellophan eingewickelten Kristallminzbonbons ein, die ich in meiner Aktentasche habe. Sie werden den Männern in der heißen Lokomotive gut tun. Jeder hält seine rußige, derbe Männerhand auf. Sie freuen sich wie die Kinder!

„Ein kleiner Dank an Sie, daß Sie uns immer heil und pünktlich ans Ziel bringen! Die Hand kann ich Ihnen ja leider nicht dafür drücken!" Die Verbindung ist hergestellt. Mir aber geht es um den Lokführer mit den traurigen Augen.

„Sie sehen so traurig aus! Haben Sie Kummer?"

Mein Gegenüber nickt. „Kummer — Not, ja, alles miteinander."

„Darf ich Ihnen da ein Trostwort, ein Gotteswort mit auf die Fahrt geben? — »Rufe Mich an in der Not, so will Ich dich erretten, und du sollst Mich preisen!« und: »Größer als der Helfer ist die Not ja nicht.« Vergessen Sie das nicht!"

Seine Züge verändern sich. Plötzlich wird er lebhaft und ruft: „Da ist noch einer in Not! Du, Hannes, komm mal her!" und zu mir gewandt bittet er: „Sagen Sie uns das noch einmal!"

Ich sage den beiden aus dem Abteilfenster heraus von der Liebe Gottes in Christus Jesus, und bezeuge ihnen, daß wir immer, in all unsrer Angst und Not, Ihn anrufen dürfen. Ich sage den Männern, daß wir Seiner Hilfe und Errettung völlig gewiß sein dürfen. „Hannes, das ist ja gerade das, was wir brauchen, wir beide!" ruft der eine dem andern zu. Dem Lokführer würgt's in der Kehle. Unser Zug setzt sich in Bewegung.

„Ich bete für Sie!" rufe ich den beiden noch zu. Sie nicken und winken mir wie liebe Freunde zu, bis unser Zug in eine Kurve fährt und sie meinem Blickfeld entschwinden.

Ich blieb allein im Abteil bis Hamburg und war dankbar, diese beiden Männer dem HErrn, Seiner Liebe und Seinem Erbarmen ungestört anbefehlen zu können. Sie werden Ihn, den lebendigen HErrn und Seine wunderbare Durchhilfe erfahren — dessen bin ich gewiß. Er, der uns solche herrliche Verheißungen gibt, steht auch zu Seinem Wort und löst es ein — unumstößlich.

Beten hilft!

Ein greller Pfiff der Lokomotive durchdringt die kleine Heidestation. Langsam setzt der Zug sich wieder in Bewegung. Im letzten Augenblick ist noch eine Frau in mittleren Jahren aufs Trittbrett gesprungen und steht nun klitschnaß vom Kopf bis zu den Füßen in meinem Abteil. Lauter kleine Pfützen und Rinnsale bilden sich am Boden. Es herrscht draußen aber auch wirklich ein häßliches Wetter!

Dankbar läßt sich die Frau gefallen, daß ich ihr die Tasche abnehme, während sie sich des triefenden Regenmantels entledigt. Trotz Baskenmütze und Kopftuch ist ihr Haar völlig naß und klebt ihr förmlich am Kopf. Außer uns ist kein Fahrgast im Abteil; so können wir die regennassen Sachen gut ausbreiten und trocknen.

Ich hab mich wieder in mein Buch vertieft und lese; doch ich bin nicht bei der Sache. Immer wieder muß ich in die andere Abteilecke sehen, wo sich mir ein beinah komischer Anblick bietet. Fast möchte ich herzhaft lachen und ein Späßchen machen, doch wenn ich in die ängstlichen und gehetzten Augen der Frau sehe, vergeht mir die Lust zum Spaßen.

Wahrscheinlich ist ihr beim Einsteigen eine der beiden großen Taschen umgekippt. Hastig packt sie den Inhalt aus und wickelt einen Teil nach dem andern aus dem Zeitungspapier. Ein Glas mit Pflaumen, das halb ausgelaufen war, kommt zum Vorschein, es folgt ein Glas mit Birnen, das ebenfalls Schaden genommen hat. Aufgeregt zerren ihre Hände schon wieder am nächsten Paket. Matjesheringe rutschen heraus und landen auf dem schmutzigen Fußboden in einer Wasserlache.

Plötzlich schluchzt die Frau auf. Es geht über ihre Nervenkraft. Es ist aus mit ihrer mühsam bewahrten Fassung. Das ganze Abteil ist übersät mit Zeitungspapier, und sie schluchzt hinter den vors Gesicht gefalteten Händen. Herzliches Erbarmen packt mich, und ich frage, ob ich ihr irgendwie helfen kann.

Als hätte die arme Frau nur auf ein Wort von mir gewartet, erfahre ich nun den ganzen Grund ihres Kummers. Ein wichtiges Schriftstück ging ihr verloren, ein Antrag auf Vergütung von Flur- und Sachschaden, der sofort in der Kreisstadt eingereicht werden muß. Heute ist der letzte Termin. Sie hätte schon zu Hause ihre alte Mutter mit ihrem Suchen ganz verrückt gemacht. Jetzt hätte sie plötzlich gedacht, ihre Mutter könnte vielleicht aus Versehen das Schriftstück zum Einwickeln verwendet haben, als die Mutter ihr so allerlei Sachen eingepackt und mitgegeben hätte.

Nun nimmt die Frau die zweite Tasche vor. Neben den aufgesammelten Matjesheringen häufen sich Kekse und Apfelsinen, und immer wüster wächst der Berg von Zeitungspapier um uns herum.

„Sie sind so nett zu mir!" schluchzt die Frau, „aber Sie können mir ja auch nicht helfen!"

„Nein, beim Auspacken und Suchen will ich Ihnen lieber nicht helfen. Aber ich will für Sie beten, daß Sie das Schriftstück wiederfinden."

Die Frau hat plötzlich mit Suchen aufgehört und sich hingesetzt. „Was wollen Sie?" fragt sie erstaunt. „Beten? — Ja meinen Sie denn wirklich, daß beten hilft? Ich weiß nicht — — — !"

„Unserm Gott ist nichts zu groß und nichts zu gering, als daß Er nicht helfen könnte. Wir dürfen Ihn bitten, wie ein Kind den Vater bittet."

„ — — und Sie meinen wirklich, beten hilft?" fragt sie noch immer ungläubig.

„Ich meine es nicht nur, ich weiß es ganz gewiß und habe es immer wieder erfahren!"

„Bitte, dann beten Sie!" Leise und flehend klingt die Stimme.

Zwischen all dem Wust von Zeitungspapier, zwischen Obst und Keks und Matjesheringen knie ich nieder im

Abteil. Innig bitte ich Gott, doch die Not dieser lieben, zerquälten Frau anzusehen, ihr zu zeigen, daß Er wirklich Gebete erhört, daß Er sie liebhat und allezeit, nicht nur jetzt, in allen Lebenslagen für sie da ist und sie erhören will. Zum Schluß danke ich Ihm aus vollem Herzen, daß Er uns erhören und der lieben Frau das Schriftstück wiedergeben wird. Dann steh ich auf, trockne ihr die Tränen ab, die unaufhaltsam fließen und sage, sie solle nur getrost alles wieder einpacken, dabei aber jede einzelne Zeitung auseinanderfalten.

Schnell macht sie sich wieder an die Arbeit. Aber das Hastige, Fahrige ist verschwunden. Erwartung liegt in ihren Zügen.

„So, ich setze mich jetzt nach nebenan und bete still weiter. Wenn Sie das Schriftstück haben, dann rufen Sie laut: »Hurra!«."

Sie nickt mit dem Kopf, und ihr Lächeln ist wie das eines Kindes voller Erwartung. Still sitze ich nebenan und hör das Rascheln des Zeitungspapieres. Es stört mich nicht. Immer wieder fleh ich: „HErr, offenbare dieser armen Frau Deine Herrlichkeit; zeige ihr, daß Du wahrhaft ein Erhörer der Gebete bist. Du darfst ihren schwachen Glauben nicht zuschanden werden lassen!"

Immer näher rückt mein Reiseziel und damit der Augenblick, an dem ich aussteigen muß. Eben hat der Zug zum letztenmal vor meinem Bahnhof gehalten. Mir ist innere Gewißheit geworden, daß Gott uns erhört hat, auch wenn ich's nicht selber miterlebe. Plötzlich aber tönt ein Jubelschrei von nebenan zu mir herüber. Kein: „Hurra!", sondern ein: „Wahrhaftig! Beten hilft!"

Da liegen wir beiden wildfremden Menschen uns in den Armen. Voller Freude schwenkt sie das so wichtige Schriftstück, indem ihr helle Freudentränen die Wangen herunterkollern. Sie fand es, sorgsam zusammengefaltet, zwischen zwei Zeitungen.

Ich kann nur noch eben sagen: „Ja, wahrhaftig, beten hilft! Vergessen Sie das nie mehr im Leben und auch das Danken nicht!"

Noch einen Händedruck, und ich muß schnellstens aussteigen. Sie aber reißt das Fenster herunter, während ich noch einen Augenblick draußen im strömenden Regen stehe und winke. Als der Zug sich schon wieder in Bewegung setzt, ruft sie mir glücklich zu: „Ich weiß es jetzt wirklich: Beten hilft! Auch das Danken will ich nicht vergessen!" Bis der Zug im Regengrau verschwindet, winken wir einander zu. Mein Herz ist voller Dank und Jubel gegen Den, der sich so wunderbar als ein Erhörer des Gebets erwiesen hat, daß ich mitten in den strömenden Regen hineinmarschiere und singe:

> *„Keiner wird zuschanden,*
> *welcher Gottes harrt;*
> *sollt ich sein der erste,*
> *der zuschanden ward?*
> *Nein, das ist unmöglich,*
> *Du getreuer Hort!*
> *Eher fällt der Himmel,*
> *eh mich täuscht Dein Wort!"*

Unterwegs

Wie so oft, bin ich unterwegs. Irgendwo auf einer kleinen Heidestation bin ich in den Zug geklettert und gehe nun durch einige leere Abteile. Irgendwie war's mir beim Einsteigen gewesen, als hätte Gott einen Auftrag für mich. Ich meinte doch, Gott recht verstanden zu haben — und nun waren alle Abteile leer? Mich verlangte danach, doch wenigstens mit einem Menschen zusammenzusein, um ihm die frohe Botschaft von Christus zu sagen.

So durchschritt ich ein weiteres Abteil und fand zu meiner großen Freude einen jungen Mann, der sinnend auf einem Fensterplatz saß. Da wußte ich: Zu dem sollte ich mich setzen!

Mit einem fröhlichen „Guten Morgen!" nahm ich ihm gegenüber Platz. Still betend saß ich da. Ich flehte zu Gott, daß Er doch diesen jungen Menschen segnen und ihm begegnen möge.

Mein Herz jubelte, als der junge Mann plötzlich aus seiner Aktentasche eine Bibel herausnahm und wahllos darin blätterte — sie dann aber ebenso plötzlich wieder zuklappte und fortlegen wollte. Da bat ich ihn, ob ich sie einen Augenblick haben dürfe, obgleich ich selber eine Bibel in meiner Aktentasche hatte.

„Lieben Sie etwa auch Gottes Wort?" fragte er mich erstaunt und erfreut zugleich. Ich spürte deutlich, wie das Innere dieses jungen Menschen mir entgegenstrebte, als ich ihm dies mit Freuden bestätigte.

„Darf ich Ihnen für Ihren heutigen Dienst ein Gotteswort mit auf den Weg geben?" fragte ich ihn. und er strahlte vor lauter Freude und nickte zustimmend. Ich schlug Jesaja 28, 29 auf und las: *„Sein Rat ist wunderbar, und Er führt es herrlich hinaus."*

„Nehmen Sie das heute ganz persönlich für sich mit in Ihren Dienst. Vertrauen Sie darauf, was auch immer Sie bedrücken und Ihnen Not machen will:

»Er führt es herrlich hinaus« — immer!"

„Ja, aber sagen Sie einmal — Sie kennen mich ja gar nicht. Woher wissen Sie denn von meiner Not? Als ich mir eben in meiner Bibel Mut holen wollte und Gott um einen Trost bat oder um einen ermunternden Anruf, da fand ich einfach nichts. Nichts redete. Und da kommen Sie, schlagen mir Gottes Wort auf und sagen mir: „Sein Rat ist wunderbar — und Er führt es herrlich hinaus!? — Oh, wie will ich Gott für dies Wort, für diese Begegnung danken!"

Dann erzählte er von seiner großen inneren Not. Man hatte ihn im Dienst eines Versehens beschuldigt, von dem er nicht im geringsten wußte und ahnte. Der Chef hatte sich von anderen beeinflussen lassen und war nun derselben Meinung. Das schmerzte den jungen Mann sehr, und darüber konnte er nicht zur Ruhe kommen. Seinen Eltern hatte er nichts davon gesagt, weil sie nicht gläubig sind, und er sie nicht beunruhigen wollte. Er konnte seine Zuflucht nur zu Gott nehmen, und hatte gebetet, sich doch seiner Sache anzunehmen und die Wahrheit und seine Unschuld ans Licht zu bringen. Und nun — dieses Gotteswort! „Gott hat Sie nicht vergebens zu mir geführt! Wie tröstet mich das: Er führt es hinaus! Ja, Er führt es sogar herrlich hinaus!"

War es da ein Wunder, daß wir gemeinsam Dem dankten, der uns beiden so wunderbar begegnete! Unser Dank wollte gar kein Ende nehmen. Wir standen erst von unsern Knien auf, als der Zug hielt.

Bald hatte unser Abteil sich mit Fahrgästen gefüllt, und wir waren nicht mehr allein. Aber unter all den vielen Menschen gehörten wir plötzlich eng zusammen, obgleich wir nicht einmal unsere Namen wußten. Schließlich war das ja auch nebensächlich. Wir wußten eins: uns war Gott begegnet.

Mein junger Freund mußte früher aussteigen. Beim Abschied sagte ich ihm noch einmal: „Ich denk weiter

an Sie. Es wird alles gut werden, Ihre Sache liegt ja
in Seiner Hand. Er führt sie auch hinaus."

„Ja, Er führt sie herrlich hinaus! Er hat's mir doch
durch Sein Wort so deutlich zugesagt, und daran halt
ich nun fest."

Nie hab ich diesen jungen Menschen **wiedergesehen**.
Aber Gott hat ihn nicht enttäuscht, das weiß ich. Er
hat die Sache zu Seines Namens Ehre hinausgeführt,
damit Sein Wort sich bestätigt und Sein Name ver**herrlicht werde.**

Daß Gott gepriesen werde auf allerlei Weise!

In Frankfurt am Main kuschle ich mich in die Fensterecke eines D-Zugabteils. Noch bin ich allein. Meine Gedanken weilen bei den Worten eines Predigers, der gesagt hatte: „Jeder Mensch ist ein Gedanke Gottes, im Leben eines jeden einzelnen herrlich geoffenbart!"

Wunderbare Tiefen der Liebe und des Wesens Gottes hatte der Prediger aufleuchten lassen. Erwartungsvoll sitze ich in meinem Abteil. Jeder, der unseren Weg kreuzt, ist ein Gedanke Gottes! Wer würde mein Reisegefährte sein für eine kurze Strecke Wegs? Jedenfalls ein Mensch, ein Gedanke Gottes!

Mit einem fröhlichen „Guten Morgen!" wird die Abteiltür zur Seite geschoben, und ein junger Mann schaut herein.

„Darf ich den Fensterplatz belegen?" fragt er freundlich.

„Bitteschön! Aber gern!"

Das Köfferchen fliegt ins Gepäcknetz, Kleinigkeiten werden daneben verstaut, und bald sitzt er lesend mir gegenüber. „Ein Gedanke Gottes!" fährt es mir durch den Sinn. Meiner Meinung nach könnte es ein katholischer Student sein, da er den „Feuerreiter" liest. Danach taucht ein medizinisches Lehrbuch auf. Aha! Also sicher ein katholischer Medizinstudent!

Der Nächste? — Ein evangelischer Theologiestudent, wie es sich später herausstellt, ein blonder, hochaufgeschossener Bursche.

„Guten Morgen, Kinder! Ich kann mich doch ein bißchen zu euch setzen, ja? Nehmt mich nur ein Weilchen in eure Mitte, dann spüre ich mein Alter nicht so!" — Es ist Pater Joachim aus dem Sauerland, eine eindrucksvolle Erscheinung. Seine Augen sind ganz blau, ja, Schelmenaugen sind's, die uns in ehrlicher Freude unter den dunklen Brauen anfunkeln. Dann sitzt er neben mir. Ich freu mich spitzbübisch, noch in den Kreis „der Kinder" mit einbegriffen zu sein.

Noch einmal wird die Tür stürmisch aufgerissen. Ein dunkelhaariges, kräftiges Bürschchen mit den sprühenden Augen eines Südländers fragt in gebrochenem Deutsch: „Ick eintreten darf?"

„Komm her, mein Junge! Hier ist Platz für jeden in unserer Reisefamilie. Was für einer bist du denn?"

„Ick Franzose — Forstschüler!" antwortet er. Bald sitzen wir tatsächlich wie eine große Familie beieinander. „Jeder Mensch, ein Gedanke Gottes!" geht mir das Wort des jungen Predigers wieder durch den Sinn.

Ein jeder ist still mit sich beschäftigt — wir lesen, es wird geraucht, einer ißt. Dem Pater Joachim, der inzwischen mir gegenüber Platz genommen hat, weil er lieber in Richtung „vorwärts" fährt, merke ich an, wie sehr er die Jugend liebt. Sinnend und doch mit gütigen, verstehenden Augen blickt er von einem zum andern.

Bald geht's lebhaft zu in unserer kleinen Reisefamilie. Pater Joachim hat das Schweigen gebrochen. Er fragt nach einer Studententagung in Frankfurt. Dem jungen Franzosen fällt es nicht schwer, zu folgen. Er versteht gut deutsch. Nur manchmal hapert es mit dem deutsch Reden, und dann bringt er die komischsten Ausdrücke hervor, die jedesmal ein fröhliches Lachen zur Folge haben. Aber es stört ihn durchaus nicht. Im Gegenteil, er nimmt an allem regen Anteil.

Ich selbst, die ich anfangs gehemmt und schüchtern in einer Ecke saß und nur still beobachtete, bin mitten in die Gespräche hineingezogen worden. Man ließ nicht locker und lockte mich einfach aus meiner Zurückhaltung heraus. Wenn's einmal gar so hitzig wird unter uns Jungen — es scheint, als gehöre ich tatsächlich dazu — greift Pater Joachim in einer solch feinen und besinnlichen Art und Weise ein, die einem Ehrfurcht und Bewunderung abgewinnt, besonders weil es um tiefinnere Dinge geht.

Der hinzugestiegene Weinbergbesitzer, ein entschiedener Atheist, erweckt großen Widerstand bei uns Jungen, als es um das Sein oder Nichtsein Gottes geht. Jeder von uns gibt ihm eine Antwort, aber so, daß sich eine mit der anderen deckt oder sie ergänzt.

Die Allmacht Gottes in der Natur — wie eifrig ist unser kleiner Franzose dabei, sie dem Atheisten klarzumachen! Er sprüht nur so und kann oft gar nicht so schnell die deutschen Ausdrücke finden.

Der junge Mediziner weist hin auf Gottes Schöpferallmacht beim Bau des menschlichen Körpers. Er tut es in einer solch feinen Weise, daß man ihn dafür gernhaben muß.

Der junge Theologiestudent bringt dem Atheisten das Reden Gottes in Herz und Gewissen nahe.

Ich versuche ihm die Bibel als Gottes Wort klarzumachen, die Jahrtausende überdauert hat und sich im Leben des einzelnen immer wieder bewahrheitet und bestätigt. Ihm Jesus, den Sohn Gottes, als den größten Beweis der Liebe Gottes zu bringen — soweit komme ich gar nicht. Pater Joachim tut es so eindrücklich und klar, daß man alles unterstreichen möchte. Er bezeugt Jesus als den für uns am Kreuz auf Golgatha Gestorbenen, an Ostern Auferstandenen und an Himmelfahrt triumphierend Aufgefahrenen und von Gott Bestätigten. Fein, wie er das sagt. Wir Jungen stimmen ihm immer wieder zu durch eifriges Kopfnicken. Als wären alle menschlichen Schranken gefallen, so spüren wir Gottes unsichtbare Nähe.

Ab Mainz wird es still, ganz still unter uns. Keiner sagt mehr ein Wort. Das Leitwort des Weinbergbesitzers: *„Macht euch das Leben gut und schön, / kein Jenseits gibt's, kein Wiedersehn..."* hat keinen Anklang gefunden. Man spürt, Gottes Geist hat unter uns gewirkt. Betend und in sich gekehrt sitzt Pater Joachim auf seinem Platz. Wir sind uns innerlich nahegekommen. Ein verständnisinniger Blick fliegt zu mir herüber, als auch ich still die Hände falte.

Draußen nimmt uns die lockende Herbstpracht gefangen. Vom zartesten Gelb und Rotbraun bis zum flammenden Rot leuchtet es in den Wäldern und Weinbergen auf, die an unsern Augen vorüberfliegen. Zerfallene Burgen, Schlösser, Kirchen und kleine Kapellchen mit entzückenden barocken Zwiebeltürmchen huschen im strahlenden Sonnenschein vorbei. Welch eine Herbstpracht! Viel zu schnell eilt der D-Zug dahin. Man möchte auf einem Rheindampfer fahren, um alle Schönheit langsam und auf beiden Seiten zu gleicher Zeit genießen zu können! Soviel Schönheit auf einmal schnürt einem beinahe das Herz und den Atem ab!

Unvermittelt kommt mir das schöne Lied in den Sinn: „Du großer Gott, wenn ich die Welt betrachte, / die Du geschaffen durch Dein Allmachtswort ..." Aber niemand kennt es. Da fängt Pater Joachim mit einem wundervollen Baß an zu singen:

> „Großer Gott, wir loben Dich;
> HErr, wir preisen Deine Stärke.
> Vor Dir neigt die Erde sich
> und bewundert Deine Werke.
> Wie Du warst vor aller Zeit,
> so bleibst Du in Ewigkeit."

Einer nach dem andern fällt ein. Nur der Weinbergbesitzer sitzt still und in sich gekehrt da. Sogar der junge Franzose singt in seiner eigenen Sprache Strophe für Strophe mit. Als wir geendet haben, singen Pater Joachim und ich noch:

> „Schönster HErr Jesus,
> Herrscher aller Enden,
> Gottes und Marien Sohn,
> Dich will ich lieben,
> Dich will ich ehren,
> Du meiner Seelen Freud und Kron."

Als wir längst verstummt sind, sagt der Weinbergbesitzer in die Stille hinein: „Wissen Sie, Ihre Gespräche haben mich doch beeindruckt. Es war — wie soll ich sagen —, es war wie ein Gottesdienst." —

„Und ick finde", fährt plötzlich der junge Franzose in seinem köstlichen Kauderwelsch fort, „daß Du und ick und Sie, ja, wir alle sein eine Familie über alle Konfessionen und Nationen hinweg!"

Voller Freude darüber habe ich ihm die Hand gedrückt, und alle andern taten es auch.

Als wir uns in Bonn trennten, sagte Pater Joachim zu unserem Weinbergbesitzer, dem Atheisten: „Und Sie, mein Lieber, sorgen Sie dafür, daß Sie auch einmal bei der großen Gottesfamilie da droben dabei sind und mit in das Lob unsres Gottes einstimmen können!"

Ab Bonn saß ich wieder allein im Abteil. Jeder war wieder seiner Wege gegangen. Wie verschieden sind wir doch, aber jeder ist ein Gedanke Gottes!

Und euer Vater nähret sie doch!

Müde, zerlumpt und hungrig liegt ein Rußland-Heimkehrer im Straßengraben irgendwo draußen in der Lüneburger Heide. Mit qualvoll verzerrtem Gesicht, bleich und abgemagert, so starrt er vor sich hin. Was für einen Sinn und Zweck hat das Leben noch? Sein Sohn fiel vor Stalingrad, seine Tochter liegt irgendwo unter den Trümmern in Hamburg begraben. Den letzten Brief seiner Frau erhielt er aus einem Krankenhaus in der Heide. Nach dorthin hatte er sich aufgemacht, um zu erfahren, wohin seine Frau seinerzeit entlassen wurde. Im Krankenhaus erfuhr er, daß sie bereits 1943 an den Folgen schwerer Phosphorverbrennungen gestorben war. Seine Wohnung in Hamburg liegt in Schutt und Asche. Was für einen Zweck also hat noch sein Leben?

„Oh, Gott, warum, warum?" entringt es sich gequält seinen Lippen. Und dann — dieser entsetzliche Hunger! Weit und breit ist kein Mensch, kein Gehöft! Voller Verzweiflung reißt er einen Grasbüschel aus, um daran seinen unerträglichen Hunger zu stillen. Da setzt sich plötzlich ein Vögelchen vor ihn auf einen Zweig und schaut die seltsame Gestalt dort im Straßengraben neugierig an. Wie eigenartig wird da dem zerschlagenen Mann ums Herz!

„Mutter! Mutter!" stöhnt er auf. Seine Gedanken eilen Jahre zurück. Im Geist sieht er sich als kleinen Schuljungen auf dem Schemel zu Mutters Füßen sitzen und für den Kindergottesdienst seinen Sonntagsspruch lernen aus Matthäus 6, 26: „Sehet die Vögel unter dem Himmel an; sie säen nicht, sie ernten nicht, sie sammeln nicht in die Scheunen; und euer himmlischer Vater nähret sie doch."

Langsam zieht er die Mütze vom Kopf und betet: „Unser Vater, der du bist im Himmel..." Als er an die Bitte kommt: „Unser täglich Brot gib uns heute", bricht er plötzlich ab. Weiter kommt er nicht. Ohnmächtig sinkt er zur Seite. Im Gebüsch über ihm jedoch singt das kleine Vögelchen einen jubelnden Dank seinem Schöpfer in den herrlichen Frühlingsmorgen hinein.

So finde ich ihn, als ich den Heideweg entlang zur Bahn eile. Schreckenerregend sieht der Mann aus. Mein Hund, mein treuer Begleiter, knurrt ihn an und geht sofort in Angriffsstellung über. Sicher sollte es so sein. Ich kann ihn mit dem besten Willen nicht beruhigen, und durch das Bellen erwacht der Mann. „Hunger!" stöhnt er. „Unser täglich Brot gib uns heute — Vater im Himmel, ich kann nicht mehr!"

Mein Hund hat sich beruhigt und schnuppert an dem kraftlos Daliegenden herum, während ich bei meinem Rucksack knie und Brot und Bohnenkaffee hervorhole, die mir liebe Hände mit auf den Weg gegeben haben. Vorsichtig flöße ich ihm den heißen Kaffee ein, und allmählich scheinen die Lebensgeister zurückzukehren.

Gierig ißt er die Butterbrote. Niemand sagt ein Wort. Plötzlich jedoch hält er inne: „Entschuldigen Sie mein Aussehen und meine Gier. Es ist der Hunger. Ich war wohl nahe am Verhungern."

Dann taut er auf und erzählt von seinen Kindern, von seiner Frau und von dem kleinen Vögelchen auf dem Zweig, das ihn an das Gotteswort erinnerte.

„Wissen Sie auch", sagte ich, „daß das Wort von den Vögeln noch weitergeht?" Er schüttelte den Kopf. „Jesus sagt: Seid ihr denn nicht viel mehr als sie?"

Mit einfachen Worten sage ich ihm von der Liebe Gottes in Christus Jesus. Ein Schluchzen erschüttert den armen Mann. Als er sich einigermaßen beruhigt hat, gehen wir zurück ins Krankenhaus. Soll meine Dienstpost, sollen meine Behördenwege in Hamburg warten! Dieser Dienst ist mir im Augenblick wichtiger!

Aus einer Schwedenspende suche ich Unterwäsche und einen passenden Anzug heraus. Es finden sich auch noch Schuhe und Strümpfe. Dann schließe ich den Mann im Sprechzimmer ein, damit er sich waschen und säubern kann. Als ich nach einer Stunde wiederkomme, schaue ich vorsichtig durchs Fenster, ob er fertig ist und ich hineingehen kann. Da liegt der Mann auf seinen Knien und dankt Gott. Mir gehen die Augen über, und ich warte noch eine Zeitlang, bis ich hineingehe. Strahlend kommt er auf mich zu, um mir zu danken. Ich erkenne ihn kaum wieder, so verändert und glücklich steht er vor mir. Dann gehen wir schweigend fort. Bevor wir nach Hamburg abfahren, lasse ich ihm im Gasthaus noch ein ordentliches Essen bereiten, gebe ihm Geld und ein Schreiben für Hamburg mit, damit man ihm auf den Behörden zurechthilft.

Einige Zeit später kam eine Karte, auf der unter anderem stand: „Der kleine Vogel und Sie retteten mir das Leben, und bewahrten mich vor Verzweiflung und dem Selbstmord. Ja, Gott hat sich meiner erbarmt!"

Wie dankbar schloß ich an diesem Abend die Tür meines Sprechzimmers!

... dann ist es sel'ge Zeit!

*Wenn Gottes Winde wehen
vom Thron der Herrlichkeit
und durch die Lande gehen,
dann ist es sel'ge Zeit!*

Von einer solch sel'gen Zeit laßt mich zur Ehre Gottes erzählen!

Im Spätsommer, im wunderschönen Spessart war's. Ich hatte eine Einberufung zu einer Herzkur nach Bad Orb erhalten. Dieser Kuraufenthalt hatte eine wunderbare Vorgeschichte.

Schon drei Kuren hatte ich in dem Sanatorium Küppelsmühle in Bad Orb hinter mir. Die Einberufung für die vierte Kur erfolgte jedoch für Bad Salzuflen. Doch hatte ich seit einer bestimmten Nacht die innere Gewißheit, daß der HErr mich diesmal besonders in Bad Orb segnen wolle. In jener Nacht schrieb ich mir in meinen Taschenkalender: „Hab Dank, HErr, für die Gewißheit, daß Du diesmal in der Küppelsmühle besonders segnen willst! Darf ich Dich von heute an täglich daran erinnern?

Ich danke Dir schon jetzt für das, was Du tun willst! HErr, bewege die Stätte! Rette Dir unsterbliche Seelen!"

Es war der 19.

Die leitende Schwester in der Aufnahme, die mir sehr nahestand, schrieb mir: „Kommen Sie schnellstens! Ich halte jederzeit ein Bett für Sie frei." Dies war mir eine Bestätigung, daß Gott mich nach Bad Orb haben wollte.

Aber die Einberufung kam nach Salzuflen. Einfältig und vertrauensvoll legte ich Gott die Sache in die Hände. Wollte Er mich in Bad Orb haben, nun, so war es ja auch Seine Sache, mich dorthin zu bringen. Das „Wie", warum sollte ich mich damit zersorgen und abquälen?

*„Weg hat Er allerwegen,
an Mitteln fehlt's Ihm nicht!"*

Ich hatte dienstlich auf der Landesversicherungsanstalt in Hamburg zu tun. Durch die jahrelange enge Zusammenarbeit mit uns Fürsorgerinnen besteht ein nettes, freundschaftliches Verhältnis zu den dortigen Sachbearbeitern. Einer von ihnen hält gerade meine Heilverfahrensakte in der Hand, als ich in die Tür trete. Er ruft mir von seinem Schreibtisch aus zu: „Freuen Sie sich auf Ihre Kur in Salzuflen?"

„Wenn Sie mich fragen", entgegnete ich wahrheitsgetreu, „ich hatte sehr mit Bad Orb gerechnet."

„Wir verlegen nicht mehr nach dort. Es ist leider etwas zwischen den Hamburger Kurteilnehmern und der dortigen Sanatoriumsleitung vorgefallen. Deshalb weisen wir nicht mehr in die »Küppelsmühle« ein."

„Ach!..."

„Aber, warten Sie einmal, warum sollten wir Ihnen nicht auch einmal eine Freude machen, wo Sie sich immer für andere einsetzen!" Der nette Abteilungsleiter klemmt meine Akte unter den Arm und schiebt mich in den Fahrstuhl hinein. Ehe ich überhaupt etwas sagen und einwenden kann, stehen wir bereits vor dem Obermedizinalrat. Es ist mir richtig peinlich, wie sehr der Abteilungsleiter sich für mich ins Zeug legt.

„Leider haben wir kein Abkommen mehr mit der »Küppelsmühle« und können Sie deshalb als Einzelfall dort auch nicht mehr einweisen", entgegnet freundlich der Obermedizinalrat.

„Auch nicht, wenn ein Bett dort bereits für mich freigehalten wird?" frage ich schüchtern zurück und reiche ihm die Karte mit der Bestätigung hin.

„Nun ja! — Wenn Sie solche Beziehungen zur »Küppelsmühle« haben, fahren Sie eben hin! Dann habe ich nichts mehr zu bestimmen."

Ein Freudenjauchzer durchdringt den Raum. Mich hält nichts mehr. Voller Freude drücke ich dem Obermedizinalrat strahlend die Hand und sage: „Gott segne Sie dafür!"

Lächelnd erwidert er: „Daß Sie sich so freuen können! — Und, daß es so etwas noch gibt!"

Ich aber entgegne freudig: „Ach wissen Sie, Herr Obermedizinalrat, ein Leben mit Gott ist etwas Wunderbares! Da kommt man einfach aus dem Staunen und Freuen nicht heraus!"

Eins ist mir zur felsenfesten, jubelnden Gewißheit geworden, als ich mit dem Fahrstuhl nach unten fahre: Es ist der HErr! Und Er wird Gnade geben zu dieser Reise. Er lenkt die Menschenherzen. Nichts, aber auch nichts ist Ihm unmöglich.

War schon die Vorgeschichte zu dieser Reise so wunderbar, ach, wieviel mehr noch erlebten wir die Güte und Liebe unseres HErrn erst in der „Küppelsmühle" selber! Und das in einem stockkatholischen Haus, mit einem stockkatholischen Besitzer und einer Betreuung von Ordensschwestern! Wenn Gottes Winde wehen, ja, dann fallen alle menschlichen Schranken.

Kaum war ich im Sanatorium eingetroffen, kaum waren die formellen Dinge erledigt, als eine der Ordensschwestern, die gute Alexia, mir sagt: „Freuen Sie sich denn nicht? Haben Sie's denn noch nicht gelesen? Im Lesezimmer sind mittags nach dem Essen jetzt immer evangelische Andachten. Ich selber habe das Plakat an die Tür geheftet. Wenn Sie wollen, können Sie gleich daran teilnehmen. Sie haben gerade angefangen. Während Sie Andacht halten, bete ich solange nebenan im Zimmer. Gehen Sie doch! Gott segne Sie!"

Wieder entfährt mir ein Freudenjauchzer. „Schwester Alexia, wie ist das alles nur möglich?" ruf ich überwältigt.

„Das werden Sie schon noch erfahren!" Liebevoll schiebt sie mich einfach vor sich her und ins Lesezimmer hinein. Still setze ich mich zu den fünf Anwesenden. Ein Evangelist, wie es sich später herausstellt, hält eine Andacht über die tägliche Losung der Brüdergemeine. Ach, hier weht Heimatluft!

Ich nahm an, daß auch Gebetsgemeinschaft untereinander wäre. Mir jedenfalls war das Herz so voll Lob und Dank, so unerwartet diese kleine Hausgemeinschaft vorzufinden, daß ich dies auch im Gebet zum Ausdruck brachte, als der Evangelist geendet hatte. Ich schloß mich seinem Gebet an. Das Eis war gebrochen. Einer nach dem andern dankte dem HErrn für das Zusammentreffen in solch wunderbarer Weise.

Als ich mich entschuldigte, so hereingeschneit zu sein, meinte der Evangelist lächelnd: „Sie hatten ja noch gar keine Gelegenheit, sich vorzustellen. Der Sprache nach dürften Sie Hamburgerin sein. Wenn ich mich nicht irre, ich weiß, man sagt so etwas ja nicht, dem Gebet nach müßten Sie ein Kind der Freien evangelischen Gemeinde von Herrn Heitmüller am Holstenwall sein."

Ich lachte herzlich, weil es stimmte, und alle freuten sich mit. Noch mehr aber staunten wir alle, als ich fragte, seit wann man denn hier zusammenkäme. Seit dem 19. . . .

Es ging mir durchs Herz. Ich holte meinen Notizkalender hervor und reichte ihn dem Evangelisten. Es stimmte genau mit dem Datum überein, als der HErr mir die Last der Seelen der „Küppelsmühle" in der Nacht als Gebetsanliegen aufs Herz legte. Wir waren innerlich bewegt dadurch. So baten wir nochmals den HErrn, uns und alle Kurgäste im Haus zu segnen. Ja, wir standen unter dem Eindruck: der HErr wird segnen!

Es war die erste Gebetsgemeinschaft dieses kleinen Kreises. Bisher hatte einer sich vor dem andern gescheut. Ich hatte es als selbstverständlich gefunden, daß es immer so nach der Andacht gehalten würde.

Mir war einfach das Herz übergeflossen über Gottes wunderbares Führen.

Gesegnete Stunden der inneren und äußeren Gebetsgemeinschaft folgten. Was kann geschehen, wenn der HErr die Herzen anrührt und bewegt! Unser kleiner Kreis war gewachsen. Schon waren wir zwölf. Doch eins betrübte mein Herz: Die Kur des Evangelisten ging zu Ende. Wir hatten ihn gebeten, sich nach Ersatz für die Andachten umzusehen. Unter den vielen Kurgästen in Bad Orb würde doch wohl einer sein, der uns Gottes Wort bringen könnte!

Aber wie sehr wir uns alle umhörten und bemühten, es fand sich niemand. Wie froh waren wir, als unser Evangelist uns bei seiner letzten Andacht mitteilte, daß Gott ihm jemand geschenkt hätte, der Fortsetzung machen würde. Neugierig bestürmten wir ihn alle, wer es sei, und wie sich in letzter Minute nun doch alles begeben hätte. Lächelnd nur sagte er: „Eine Überraschung! Ihr werdet euch alle freuen und gesegnet werden."

Neugierig waren wir aber doch. Der Evangelist bat mich, den Abend für ihn freizuhalten. Es ist mir unvergessen, als wir in den lieblichen Spessarttälern spazierengingen. Plötzlich bleibt mein Begleiter stehen, sieht mich lange an und sagt: „Dem Alter nach könnte ich Ihr Vater sein. Und was ich Ihnen sage, sage ich Ihnen in der Gegenwart Gottes und im Auftrag von Ihm: Ab morgen halten Sie die Andachten in der Küppelsmühle!"

Ich weigere mich: „Ich dachte, Sie hätten einen Kurgast ... ?"

„Und der Kurgast – sind Sie!" entgegnete er lächelnd.

Alle Einwendungen meinerseits lehnte er ab mit der Feststellung: „Reden wir jetzt nicht mehr davon! Der HErr wird Ihren Dienst segnen."

Ich schlug den Großkaufmann X. aus Frankfurt vor.

„Sie halten die Andachten! – Und nun kein Wort

mehr darüber! Ein Kind gehorcht. Wieviel mehr sollten Sie dem Befehl Ihres himmlischen Vaters gehorchen, und zwar mit Freuden!"

Ich durfte dem Evangelisten gegenüber keine Einwendungen mehr machen, jede einzelne Befürchtung legte ich dem HErrn in dieser Nacht unumwunden hin. Nach vielem Gebet wagte ich nicht mehr, dem HErrn ein „Nein" für diesen mir aufgetragenen Dienst zu geben. Ja ich wurde von Herzen froh, daß ich den Dienst tun durfte.

Als dann sogar noch Freude unter den Kurgästen herrschte, als ich bei der nächsten Andacht den Platz des Evangelisten einnahm, da wußte ich eins: Es ist der HErr! — und wagte es, indem ich alle Verantwortung vertrauensvoll in Seine Hände legte und alles von Ihm erwartete. Wir erlebten eins: Der HErr war segnend unter uns. Immer mehr Teilnehmer kamen. Immer voller wurde unser Lesezimmer. Es war, als rühre der HErr durch das Wehen Seines Heiligen Geistes immer neue Kurgäste an. Wunderbar brach es durch wie eine Erweckung.

Das Gebet einer Mutter

Ein neuer Gast war in unserer Pension zu unserer kleinen Ferienfamilie hinzugekommen.

Der Gong hatte zum Mittagessen gerufen, und nach der üblichen Vorstellung saß man plaudernd und wartend bei Tisch. Der neue Gast saß mir gegenüber. Nachdenklich und forschend glitt sein Blick von einem zum andern. Nur sekundenlang hatten sich unsere Blicke gekreuzt. Wie ein plötzliches Erkennen, wie ein blitzartiges Aufleuchten war es in den Augen meines Gegenübers gewesen. Als dann die Speisen aufgetragen wurden und man sich „Gesegnete Mahlzeit" gewünscht hatte, senkte der neue Gast das Haupt und dankte Gott mit gefalteten Händen als dem Geber aller guten Gaben. Da hatten wir einander ganz erkannt und nickten einander verstehend zu.

In den Gesichtern der anderen aber stand deutlich geschrieben: „Ach, noch so einer von der Sorte!"

Doch bald war alle innere Ablehnung dem neuen Gast gegenüber verschwunden. Mit seiner ruhigen, freundlichen und herzgewinnenden Art wurde er der Mittelpunkt unserer frohen, kleinen Gesellschaft. Wir beide hatten nicht viel Worte zu machen brauchen. Am nächsten Morgen begegneten wir einander, als wir durch die Gartenpforte schritten, ein jeder mit seiner Bibel unter dem Arm. Da strahlten wir einander an wie Kinder, und beinahe gleichzeitig entfuhr es uns: „Ich dachte mir's doch!"

Am folgenden Morgen schritten wir gemeinsam den Bergweg hinauf. Unten im Tal lagerten noch die Frühnebel über den Dächern. Tauperlen funkelten im Gras wie Diamanten. Hoch oben am Hang, wo die ersten Sonnenstrahlen das Waldbänklein grüßten, da beugten wir Herzen und Hände über Gottes Wort. Das verband uns zutiefst. Bei allem Fröhlichsein, wo immer wir waren und wer auch unsere Gemeinschaft teilte, war dies der Grund unserer Freude.

Er liebte die Natur wie kaum ein anderer unserer kleinen Ferienfamilie. Er sah immer neue Schönheiten, entdeckte immer neue Höhenwege und erschloß uns, je länger wir beieinander waren, immer mehr den Blick für all die Herrlichkeiten und Wunder in der Natur. Er hatte einmal Förster werden wollen. Doch war sein Lebensweg anders verlaufen.

Ich hatte ihn gebeten, einmal zu erzählen, wie Gott in sein Leben getreten sei. Er antwortete: „Durch die Gebete meiner Mutter und durch ein besonderes Erlebnis ist Gott mir begegnet."

Als ich ihn bat, doch mehr davon zu erzählen, gingen seine Augen in die Ferne: „Bald!" erwiderte er. Da mochte ich nicht weiter bitten und hätte doch gern mehr gehört und gewußt aus dem Leben dieses Menschen.

Eines Mittags sagte er unvermittelt: „Schlafen Sie heute nachmittag etwas vor! Ich möchte, wenn Sie Lust haben, heute abend eine Wanderung mit Ihnen machen. Sie sollen erst allein meine Lebensgeschichte hören, ehe ich sie den andern erzähle!"

Schon lange hatte ich mir gewünscht, eine Mondscheinwanderung zu machen. Einen besseren Wandergefährten hätte ich nicht finden können.

Es war kurz vor Mitternacht, als wir aus unserer kleinen Pension aufbrachen, nachdem wir uns vorher noch kräftig gestärkt hatten. Silberner Mondschein flutete über die sanften Spessarthöhen. Der Ruf des Wildes zur Brunstzeit drang durch die warme Spätsommernacht.

Immer schweigsamer wurden wir, weil die Mondnacht mit all ihrer Schönheit redete und sich uns erschloß. Weit, weit wanderten wir über Höhenzüge, über die einsame, mondbeschienene Heide hin, hin durch die schlafenden Wälder. Dann standen wir plötzlich vor einer großen, duftenden Waldwiese. Fast war's wie im Märchen; von Schönheit und Frieden war die Einsamkeit umlagert.

Schweigend legte mein Begleiter den Finger auf die Lippen als Zeichen, diese wundersame Stille nicht durch einen Ausruf des Staunens oder der Freude zu stören. Schweigend erklommen wir einen Anstand, schweigend hockten wir einige Zeit und horchten auf die Laute der Nacht.

Unser Warten wurde belohnt. Leises Knacken drang aus dem Unterholz! Ein Rehbock trat majestätisch aus dem Dickicht des Waldes heraus. Ein Reh folgte — und noch eins — und immer noch mehr. Mondbeschienen lag die einsame Waldwiese im silbernen Licht. Ein ganzes Rudel Rehe folgte. Lauschend — spähend — äsend, so standen sie da, bis ein Geräusch vom Wald her dem lieblichen Bild durch jähe Flucht ein Ende bereitete.

Wir hockten immer noch wie gebannt auf dem Anstand, als mein Begleiter in die Stille hinein sagte: „Eine solche Nacht wie heute war es, als Gott mir begegnete und in mein Leben trat. Mein Vater war Bergwerksdirektor. Ich sollte sein Nachfolger werden. Ich wollte nicht. Seit frühester Kindheit fühlte ich mich zur Natur hingezogen und wollte Förster werden. Ich war ein Dickkopf und Querkopf und habe dadurch meinen Eltern, besonders aber meiner lieben Mutter, das Leben oft schwergemacht. Wie sehr liebte sie ihren Jungen! Wie sehr betete sie für ihn, ihren Einzigen, daß Gott ihn herausretten möge aus der Welt der Sünde und der Lust!

Ich wollte nicht. Ich fand die Versammlungen, in die sie mich mitnahmen, zu eng bemessen, zu klein für meinen Geist, der in die Weite und Höhe strebte. Auch hatte ich angefangen, die Welt und die Sünde zu lieben. Machte mein Gewissen mich innerlich unruhig, verklagte es mich, so ging ich den traurigen Augen meiner Mutter aus dem Weg. Ich suchte Ruhe und Frieden in der Einsamkeit, in der Stille der Wälder. Von dem Gott meiner Kindheit hatte ich mich weit entfernt. Nur eine große, innere Leere war zurückgeblieben — bis Gott sich meiner erbarmte und mir begegnete.

Ich kam nach einer durchtanzten und mit Kameraden durchzechten Nacht aus der nahen Stadt heim. Erschrocken sah ich, daß im Wohnzimmer noch Licht brannte. Um nicht bemerkt zu werden, benutzte ich nicht die Haustür, sondern stieg durch das Fenster meines Zimmers, das ich mit kunstvollem Griff öffnete. Was sollte das Licht im Wohnzimmer bedeuten? War dem Vater etwas zugestoßen? Auf den Socken schlich ich hin. Die Tür war nur angelehnt, und ich hörte drinnen jemand sprechen. War etwa Besuch gekommen?

Durch einen winzigen Spalt lugte ich hinein — und was ich sah und hörte, trieb mir heiße Glutwellen ins Gesicht und durchwühlte mein Inneres zutiefst. Da lag meine Mutter vor Gott auf den Knien und rang um die Seele ihres Jungen.

Nie werd ich dieses Bild vergessen, nie! Wie ich gekommen war, so schlich ich durchs Fenster wieder davon. Ich wollte fort, hinein in die Einsamkeit des Waldes. Auf so einem Anstand wie hier verbrachte ich die Nacht mit einem schreienden, schuldbeladenen Gewissen. Es war eine Mondnacht wie heute. Stundenweit war ich gewandert. Ich wußte nicht mehr, wo ich mich befand, bis ich den Jägerstand entdeckte.

In den Erlenbüschen hockte schon das Morgengrauen, und ein sanfter Morgenwind strich mir ums heiße Gesicht. Ich wanderte weiter, immer noch auf der Flucht vor Gott. In den ersten Strahlen der Morgensonne bot sich mir plötzlich ein ergreifendes Bild dar.

Im Eisen gefangen war eine Füchsin. Das linke Hinterbein war fest eingeklemmt und mit Wunden bedeckt. Es schien, als hätte sie's selber zerbissen im

Bestreben, sich loszumachen und zu befreien. Seitlich hingestreckt lag sie tot vor mir in der Morgensonne.

Gar manches Tier hatte ich so schon vorgefunden. Aber was mich heute überraschte, das waren die vier Jungen, die eng aneinandergeschmiegt, ebenfalls tot, neben der Mutter lagen. Sicher hatten die Jungen die Mutter vermißt. Hungrig geworden, waren sie hinausgekrochen und hatten die Mutter in der Falle gefunden. Ja, es schien, als hätte sie ihre Jungen noch in der Todesstunde genährt. Ihren Kopf hatte sie gegen die Tierchen gebogen. Deutlich war das zu erkennen. Sie hatte noch ihre Kleinen geleckt und ihre Pelzchen geordnet. Der buschige Schwanz deckte sorgsam die armen Dinger. Wie, wenn sie sich nach erfüllter Pflicht wohlig gereckt hätte, als sei sie gewiß, ihre Jungen versorgt zu haben, so lag sie da, die Füchsin.

Friede ging von diesem Bild der Mutterliebe aus, das hier der Tod in unbeweglichen Zügen festhielt. Ich stand wie gebannt da. Meine Gedanken flogen heim zu meiner Mutter, zu meiner betenden Mutter.

Vor meinen Füßen lag die tote Füchsin mit ihren Jungen, ein Ausdruck dessen, was Mutterliebe vermag.

Wieder drangen in diesem Augenblick die Worte meiner betenden Mutter wie Schwerter durch meine Seele: „HErr, streiche meinen Namen aus dem Lebensbuch — aber rette mir meinen Jungen!"

Da konnte ich nicht anders. Neben der toten Füchsin mit ihren Jungen warf ich mich auf die Knie und übergab mich Gott auf Gnade und Ungnade fürs Leben.

Mir wurde Gewißheit der Sündenvergebung, und Friede und Freude durchflutete plötzlich mein Herz. So ist Gott mir begegnet.

Ich suchte nach einer Mulde und trug die Füchsin mit ihren Jungen hinein, scharrte Walderde über sie und bedeckte den Hügel mit Moos und Zweigen.

Dann — dann eilte ich heim, heim in die Arme meiner Mutter."

Der Morgen graute, als wir den Heimweg antraten. Anfangs hatte tiefes Schweigen zwischen uns geherrscht. Tief bewegt hatte mich das wunderbare Führen Gottes. Doch als mein Weggenosse plötzlich in den dämmernden Morgen hineinsang: „Friede dem Strom gleich, o HErr, kann es sein?" — da sang auch ich mit, und unsre Herzen waren voll Lob und Dank, so daß ein Lied nach dem andern erklang.

Heißer Kaffee und ein großer Teller belegter Brote taten uns wohl nach dieser nächtlichen Wanderung. Am Morgen kam ein Brief von seiner Frau und von seinen drei Jungen: „Vater, wann kommst Du wieder? Wir alle mögen ohne Dich nicht sein!"

Kein Wunder, bei solch einem Vater!

Am Abend saß unsere kleine Ferienfamilie beisammen, und er erzählte noch einmal von der Begegnung Gottes in seinem Leben. Und Gott redete zu unsern Gästen. Still und insichgekehrt ging man auseinander.

Doch ich dankte ihm noch einmal, daß er mir sein Erleben draußen in mondheller Sommernacht auf dem Anstand erzählt hatte.

Möge Gott sein Arbeiten und Wirken unter der Bergmannsjugend segnen!

Straßenversammlung in Kleinausgabe

Ich bin im Außendienst. Mein Weg führt mich durch die Altstadt. Es ist noch früher Vormittag. Hier brandet noch nicht der Großstadtverkehr. Dicht beieinander stehen die Häuser; die Straßen sind eng, sehr eng.

Auf einem Treppenpfosten eines Fabrikgrundstückes thront ein kleines Bürschchen — er ist vielleicht fünf Jahre alt — und singt aus Leibeskräften — ich traue meinen Ohren kaum:

> *„Gott ist die Liebe,*
> *läßt mich erlösen,*
> *Gott ist die Liebe,*
> *Er liebt auch mich."*

Mein Herz macht Freudensprünge. Kerlchen, du bist mein Freund! Ich gehe eilig zu ihm und frage: „Du, sag einmal, woher kennst du denn das schöne Lied?"

„Aus der Sonntagschule! — Kennst du es denn auch? Dann mußt du mitsingen! Komm, sing doch mit!"

Also singen wir zu zweit:

> *„Gott ist die Liebe,*
> *läßt mich erlösen,*
> *Gott ist die Liebe,*
> *Er liebt auch mich."*

Eine Frau, die mit ihrem vollen Einkaufsnetz vorbeigeht, steht einen Augenblick still, hört zu und sagt dann zu mir, indem sie mit dem Zeigefinger an die Stirn tippt: „Verrückt! Völlig verrückt! Unerhört, daß Sie einem Kind einen solchen Blödsinn beibringen! Man sollte es durch die Polizei verbieten lassen! Sie — — Sie furchtbare Person Sie!"

Arme Frau, aus der soviel Gottesfeindschaft hervorbricht! Wie mag es erst in deinem Innern aussehen!

„Wissen Sie", entgegne ich strahlend, „es ist doch das Köstlichste, was je ein Mensch auf Erden wissen und erleben darf: »Gott ist die Liebe, Er liebt auch mich!« Und — übrigens, ich hab es dem Kleinen nicht beigebracht. Ich traf ihn hier singend an. Er war es, der mich bat, mitzusingen."

Vorübergehende sind inzwischen stehengeblieben. Ein alter Rentner hat die Mütze abgenommen und sagt: „Das ist das erste Lied, das unsere Mutter uns acht Kindern beigebracht hat. Ich hab mich in meinem Leben zwar nicht danach gerichtet. Jetzt höre ich es in meinem Alter von dem Kleinen da singen."

„Sie lieber Alter! Welche Gnade, daß Gott Sie in Ihrem Alter noch einmal daran erinnert! Wie alt sind Sie denn schon?"

„74 Jahre! — Ich möchte mitsingen!" sagt er kurz entschlossen und stellt sich neben den Steinsockel, auf dem mein kleiner Freund hoch oben thront.

„Fang noch einmal von vorn an!" bittet der Alte.

Mein Kerlchen da oben aber klatscht vor Freude in die Hände und jubelt: „Oh, Opa, wie fein! Du kannst es auch? Da sing aber ordentlich mit! Du ersetzt dann die Posaune, die in der Sonntagschule immer mit dabei ist! Fein, nun sind wir schon drei!"

Und dann klingt das Lob Gottes aus drei Kehlen durch die enge Großstadtgasse.

„Heilsarmee!" tönt es spöttisch von Vorübergehenden uns entgegen. Immer mehr Frauen und Männer bleiben stehen. Einige stellen ihre volle Einkaufstasche auf das holprige Straßenpflaster. Eingewickeltes Geld fliegt aus einem geöffneten Fenster vor unsere Füße. Wofür hält man uns nur?

Als wir das Lied gesungen haben, sagt mein Kerlchen mit einer Stimme, die keinen Widerspruch duldet:

„So, Tante, nun halte noch Sonntagschule!"

Einige lachen.

„Nee, eine Straßenpredigt? Wo gibt es so etwas?" sagt eine Frau ganz ernst. Ich freue mich spitzbübisch. Mein Herz ist voll Jubel. Ein Zeugnis für meinen Heiland auf offener Straße? Dazu hatte ich bisher noch nie Gelegenheit in meinem Leben. Ich schaue in die Runde und zähle zwölf Leutchen. Ausgezeichnet! Es lohnt sich! Straßenversammlung in Kleinausgabe! Warum nicht? Also, Heiland – für Dich wag ich's! Weg ist meine Angst, und fort sind alle inneren Hemmungen. Ich sage zu ihnen:

„Ich will Sie weder anpredigen noch eine Sonntagschule halten. Aber wenn ich Ihnen von der Liebe Gottes in meinem Leben sagen darf, wie Jesus Christus mich gesucht und gefunden hat – dann will ich es gern tun."

Einige Stimmen werden laut. Von einigen höre ich ein deutliches „Ja!", einige andere nicken nur. Ein Herr macht eine spöttische Bemerkung – aber er bleibt. Der alte Rentner, dem scheinbar das Stehen schwerfällt, setzt sich auf einen Treppenstein. Einige ältere Frauen nehmen neben ihm Platz. Mein kleiner Freund hört von seinem Thronsitz zu und ist ganz bei der Sache. Laut ruft er mir zu, als ich beginnen will:

„Erst beten!" Mir ist es ein Fingerzeig von oben. Ich weiß, nur so kann der HErr segnen.

Die Frau, die mit dem Finger an die Stirn tippte, will gehen – murmelt etwas Unverständliches – und bleibt doch.

So erbitte ich kurz und innig den Segen Gottes für uns alle. Ich weiß es plötzlich ganz gewiß: „Der HErr wird segnen. Sein Wort kommt nicht leer zurück."

Dann erzähle ich ihnen von der Liebe Gottes in meinem Leben, in meiner Kindheit und in meinem jetzigen Alltag. Der HErr schenkt Gnade und Vollmacht. Ich spüre es deutlich, wie mir das Wort abgenommen wird. Einige schnupfen verlegen in ihre Taschentücher hinein, andere wischen verstohlen über die Augen, als ich sie von Herzen bitte, nur ja nicht die Gnadenzeit zu versäumen. Mein Herz ist so randvoll, weil ich ihnen allen die Liebe Gottes in Jesus Christus nahebringen darf. Als mein kleiner Freund zum Schluß bittet:

„Tante, bitte noch einmal: Gott ist die Liebe!" und von seinem Thronsitz Takt dazu schlägt, da singen den Kehrreim alle mit:
>„Drum sag ich's noch einmal:
>Gott ist die Liebe,
>Gott ist die Liebe,
>Er liebt auch mich!"

Nur jene Frau, die anfangs alles nur als „verrückten Kram" bezeichnete, schweigt. Als ich zum Abschluß noch einmal alle der Liebe unseres HErrn anbefehle und auch für sie bete, kommt sie zu mir und gibt mir die Hand.

„Es muß doch etwas dran sein — vonwegen — was Sie da sagten! Und — entschuldigen Sie bitte von vorhin!"

Als ich sie zum Gottesdienst einlade, ist sie gar nicht mehr abweisend, sondern sagt: „Ich werd mir's überlegen!"

Dann gebe ich allen die Hand und verabschiede mich. Mit dem lieben Alten habe ich noch ein kurzes, feines Gespräch. Er ist innerlich stark bewegt und verspricht mir, zum Gottesdienst zu kommen.

Mein Kerlchen aber ist heruntergekrabbelt, umschlingt mit beiden Ärmchen meinen Nacken, gibt mir einen schallenden Kuß und ruft: „Tante, das war noch schicker als Sonntagschule!"

„Ja, mein Junge, das war Straßenversammlung in Kleinausgabe!" Natürlich versteht er es nicht, gibt mir aber noch einen Kuß auf die andere Wange und rennt davon. Mir aber ist das Herz voll Lob und Dank, als ich frischen Mutes meine Aktentasche ergreife und weiter meine Behördengänge erledige.

Wenn Gott Türen zuschließt und auftut

Beinah fiel ich vor Müdigkeit über meine eigenen Füße. Der Tag hatte es wieder einmal „in sich" gehabt: Der Dienst — die Fahrt am Abend noch nach Hamburg —, die Jugendversammlung und die sich anschließenden Gespräche.

Doch nun bin ich auf dem Heimweg. Die Straßenlaternen der Endstation verblassen in der Ferne. Nun muß ich noch am Kornfeld vorbei, dann kommt die Lichtung und in einer guten halben Stunde bin ich daheim. Heuduft füllt die Nachtluft. Ein Flugzeug brummt über mich hinweg und durchbricht mit seinem Motorengeräusch die nächtliche Stille. Das hellgestrichene Häuschen hebt sich in der Dunkelheit deutlich ab vom dunklen Buchenwald. Rosenduft strömt mir entgegen, als ich durch die Gartentür den Fliesenweg zum Häuschen hinaufgehe. Geräuschvoll dreht sich der Schlüssel im Schloß. Als ich vorsichtig die Klinke herunterdrücke und ins Haus gehen will, durchfährt mich ein Schreck: die Sperrkette ist vorgelegt. Ich räuspere mich, huste, rufe und schließlich klingle ich. Nichts rührt sich, niemand ist wach.

Gewiß hat man nicht an mein Kommen gedacht. Noch nie war die Sperrkette vorgelegt, wenn ich nach Haus kam. Man wußte, daß es oft recht spät wurde. Ich versuche nochmals, mich bemerkbar zu machen, und klopfe ans Schlafzimmerfenster. Doch nichts geschieht. Alles ist vergebens. Müde wanke ich den Weg zur Endstation zurück. Zum Glück bekomme ich die letzte Straßenbahn stadteinwärts.

Der Geschäftsschlüssel von Freunden in meiner Tasche ist meine Rettung. So fahre ich also zum Schulterblatt. Wie froh bin ich, ein Dach überm Kopf zu haben. Vorsichtig taste ich mich durch die Geschäftsräume hindurch. Weiter komme ich nicht. Die Tür zu den Wohnräumen ist mit einer Eisenstange versperrt. Nicht einmal der Hund schlägt an, der sonst so wachsam ist. Der erste feste Schlaf scheint alle gefangen zu halten. Und wieder stehe ich draußen auf der Straße. Es ist weit nach Mitternacht.

Mein letzter Gedanke ist das Gemeindehaus am Holstenwall. Ich mache mich auf den Weg. Das Fenster der Gemeindeschwester im ersten Stock ist weit offen. Ich rufe — ich rufe immer wieder. Niemand hört mich.

Da erst merke ich: Es ist der HErr, der mir die Türen verrammelt und zuschließt. Aber warum? Was soll ich tun? Hat Er etwa noch einen Auftrag für mich? Doch der Gedanke scheint mir völlig abwegig so mitten in der Nacht. Was bleibt mir anders übrig, als im Hotel zu übernachten. Grell scheinen die bunten Lichter von St. Pauli mit ihrer schreienden Reklame zu mir herüber.

Lange halte ich Zwiesprache mit meinem HErrn. Plötzlich werde ich an eine Pension erinnert, die dem Schwager der Freundin gehört, bei der ich versucht hatte, zu übernachten. Sie liegt günstig auch für die Abfahrt am Morgen, weil die Pension in der Nähe des Bahnhofs liegt. Meine Einwendungen, doch dort nicht mitten in der Nacht erscheinen zu können, werden hinfällig vor dem inneren Befehl und Drängen, in die Pension zu gehen.

Müde und zerschlagen, aber doch mit der inneren Gewißheit im Herzen: es ist der HErr, der mich gehen heißt!, steige ich die Treppen hinauf in den dritten Stock. Nebenbei ist auch das leise Hoffen da, in einigen Minuten endlich in irgendeinem Bett zu liegen. Doch was dann, wenn alles besetzt ist? Ein Stoßseufzer fliegt nach oben, ehe ich klingle. Obgleich ich kaum den Klingelknopf berührt habe, hat man mein Klingeln gehört. Elektrisches Licht flammt im Flur auf, der Schlüssel wird im Schloß herumgedreht. Ein jubelnder Dank fliegt nach oben.

Der Pensionsinhaber, der Schwager der Freundin, öffnet selber die Tür. Er sieht mich an, als müsse er zweimal hinsehen, ob ich es auch wirklich bin. Dann zieht er mich in die Wohnung und murmelt immer wieder: „Mein Gott! — Daß es so etwas gibt!"

Mir ist das völlig unverständlich. Ich will mich entschuldigen, daß ich ihn in seiner Nachtruhe gestört habe. Er winkt ab, schiebt mich ins warme Wohnzimmer und drückt mich sanft in einen dicken Polstersessel. Während er die Kaffeemütze von der Kanne zieht und mir einschenkt, sagt er immer wieder: „Dich hat Gott geschickt! — Seit Stunden sitze ich hier. Es geht mir heute nacht so manches durch den Sinn. Durch das Sterben unserer Mutter und durch das, was sie uns allen noch an ihrem Sarg durch dich sagen ließ, sind mir Fragen aufgetaucht. Wer wird sie mir beantworten? Immer wieder mußte ich an dich denken. Nun stehst du mitten in der Nacht vor unserer Tür! Wenn das nicht von Gott ist, dann weiß ich nicht."

Ich traue meinen Ohren nicht. Ist es denn wahr, was Richard da sagt, der bisher jede Frage nach Gott weit von sich schob: „Dich hat Gott geschickt!" —

Jetzt begreife ich, warum ich überall vor verrammelten Türen stand. Gott selber hatte sie mir verschlossen. Er, der Hüter Israels, schläft noch schlummert nicht, wenn irgendwo in einem Menschenherzen ein Suchen, ein Fragen nach Ihm wach wird. Alle Müdigkeit ist fort.

Was wir miteinander gesprochen haben, der HErr weiß darum. Alle Türen verschloß Er mir, um hier eine Herzenstür zu öffnen. Nur noch eine Stunde blieb mir bis zur Abfahrt des Zuges. Doch Glück, unsagbares Glück erfüllte meine Seele. Ich schlief und war frisch, als hätte ich mich die ganze Nacht ausgeruht. „Gott, Dein Weg ist heilig!"

Heute, wenn ihr Gottes Stimme hört...

1.

Aus seiner weißen Leinenjacke holt er ein Fläschchen hervor, schenkt sich ein Gläschen ein und hebt es mir prostend entgegen.

„Auf Ihr Wohl — und auf unsere alte Bekanntschaft!"
„Wohlsein, Vater Bindernagel! Am frühen Morgen — und dann schon ein Schnäpschen?" Lächelnd droh ich ihm mit dem Finger. Er hält mir sein Fläschchen entgegen. Ich rieche neugierig hinein. Es ist flauer, gesüßter Pfefferminztee. Da lachen wir beide herzlich.

Er sitzt auf einer Bank zwischen bunten Blumenbeeten am U-Bahnhof Schlump in der Morgensonne. Weil mir gerade eine Bahn davonfuhr, setze ich mich für ein paar Minuten zu ihm. Er erzählt mir, daß er bös gestürzt ist, und er sich bei seinen 79 Jahren noch eine schwere Gehirnerschütterung zugezogen hat. Wenn er doch nur nicht wieder zur Besinnung gekommen und aufgewacht wäre, meint er. Dann wäre es doch endlich mit ihm aus und vorbei gewesen. Ich frage ihn daraufhin, ob er denn auch bereit gewesen wäre, vor Gottes heiliges Angesicht zu treten. Mit einer wegwerfenden Handbewegung winkt er ab.

Als wir noch ein Weilchen länger über innere Dinge reden, meint er: „Wissen Sie, mir fehlt einfach das Organ für solche Dinge. Bemühen Sie sich nicht! Ich versteh doch nichts davon. Das geht alles völlig fehl bei mir. Und ehrlich gesagt: mich kümmert das auch nicht."

Lieber, alter Vater Bindernagel! Wie vielen Menschen hast du mit deiner geliebten „Quetschkommode" bei Festlichkeiten Freude bereitet und hast — wie du sagst — für Stimmung gesorgt! Du warst einfach da. Wie manches Mal standest du am Geburtstag in aller Frühe vor unserer Haustür und brachtest uns ein meisterhaftes Ständchen. Ein feines Gehör hast du für das Spiel deiner Töne. Aber das Gehör, das Organ für ewige Dinge, hast du nicht. Nun sitzest du hier in deiner weißen Sommerjacke, mit deiner roten Nelke im Knopfloch — ein bald Achtzigjähriger!

Beten will ich für dich, daß dir noch geschenkt werde in letzter Stunde — und sei es in der allerletzten, in der Sterbestunde —, ja, daß dir noch geschenkt werde ein Organ, Gottes Stimme zu hören!

2.

An reifenden Kornfeldern vorbei, an sauberen Dörfern und Flecken, die still und friedlich im Abendsonnenschein liegen, fahren wir im Bus Richtung Hamburg hinein. Neben mir sitzt ein junges Mädchen. Einige Male ist es mir während der Besuchszeit auf dem Gelände des Krankenhauses begegnet. Weil man sich des öfteren gesehen hatte, grüßte man einander. Jetzt während der Fahrt kamen wir miteinander ins Gespräch.

Es ist etwas in der Art dieses Menschenkindes, das man spürt und das sich mit Worten doch nicht beschreiben läßt. Es ist einfach eine Kluft zwischen uns. Um so mehr bete ich still für dies bildhübsche Geschöpf. Wie ein Stich geht es mir durchs Herz, als ich im Lauf des Gespräches erfahre, daß sie in einer der „öffentlichen Straßen" Hamburgs wohnt, mitten im Sündenpfuhl von St. Pauli. Als sie meine traurigen Augen sieht, die sich langsam mit Tränen füllen, und ich ihr sage, daß sie in einem solchen Beruf doch nicht glücklich sein könne, ist sie einen kurzen Augenblick gerührt und verlegen. Dann aber gewinnt sofort ihre selbstsichere Art wieder die Oberhand.

„Glücklich?" sie lacht ein leises, dunkles, entsagungsvolles Lachen und wirft den Kopf in den Nacken. „Glücklich? Glücklich bin ich wahrscheinlich nicht. Aber es bringt Geld, viel Geld ein, ohne viel arbeiten zu müssen."

„Aber — ist es nicht Sündengeld? Und Ihre Ehre — Ihre Reinheit? Und — Ihr Gewissen?"

Nur ein Lächeln und Achselzucken sind ihre Antwort. Als ich ihr von Jesus, dem Sünderheiland, sage, legt sich langsam ihre Hand auf die meine, und mit einem Lächeln sagt sie: „Sie meinen es so gut mit mir! Ich spüre das — und bin im tiefsten Inneren über Ihre Liebe beschämt. Aber — wissen Sie — für solche Dinge fehlt mir einfach der Sinn und das Einfühlungsvermögen. Bemühen Sie sich bitte nicht um mich! Es ist vergebens — und ich verstehe es ja doch nicht."

„Aber sollten Sie jemals einen Menschen brauchen, ich bin immer für Sie da. Sie wissen ja, wo ich zu finden bin."

Kaum eine Stunde später steht sie mit Blicken, die einem wie Schwerter durch Herz und Seele gehen, an einer der berüchtigten Straßenecken Hamburgs, um die Männer an sich zu locken. Ich sehe sie von der Bahn aus — und das Herz will mir schier bluten.

3.

In einer kleinen Gaststätte am Carl-Muck-Platz eß ich schnell zu Mittag. Plötzlich füllt sich die Gaststätte. Eine Filmgesellschaft hat im Justizgebäude einige Gerichtsszenen gedreht. Kurze, klare Anweisungen des Regisseurs schwirren hin und her. Eine Stunde Mittagspause — soviel hab ich begriffen und herausgehört — dann soll weitergefilmt werden.

Es ist unterhaltsam, das bunte Gewühl zu beobachten, wie es sich langsam entwirrt.

An meinem Tisch haben zwei ältere Herren mit einem entzückenden jungen Mädchen Platz genommen, nachdem sie gefragt hatten, ob es gestattet sei. Etwas Scheues, Unberührtes geht von diesem jungen Menschenkind aus. Man merkt, es ist noch nicht zu Hause in dieser Theater- und Kulissenwelt. Ach, wer weiß, wie lange noch — und dies Reine, Unberührte wird nicht mehr in diesem jungen Menschenleben in der Welt der Bretter zu finden sein.

Ein Stoßseufzer fliegt nach oben: „HErr, bewahr dieses junge Menschenkind! Gib mir Gelegenheit, es zu warnen, ihm von Dir zu sagen!"

Der eine der beiden Herren scheint die Rolle eines väterlichen Beschützers übernommen zu haben. Sie reden eifrig miteinander. Unversehens drückt das junge Mädchen ihre zerknüllte Papierserviette in die noch ziemlich volle Suppentasse ihres Nachbarn. Sie sieht entsetzt, was sie angerichtet hat. Während die beiden Herren schallend lachen und sich köstlich über die Ungeschicklichkeit belustigen, steigt ihr flammende Röte ins Gesicht, die ihre junge Schönheit nur noch mehr unterstreicht und hervortreten läßt. Verlegen entschuldigt sie sich immer wieder, entnimmt ihrem Handtäschchen ein Spitzentüchelchen und verschwindet für einige Minuten nach draußen. Als sie hastig beim Fortgehen das Täschchen auf den Tisch zurücklegt, rutscht ein kleines silbernes Kruzifix heraus und gleitet auf das weiße Tischtuch! Sie hat es in ihrer Hast und Eile gar nicht bemerkt. Ich aber sehe es voll Freude. Schnell nehm ich ein kleines weißes Leinenkärtchen und schreib darauf: *„Suche Jesum und Sein Licht! Alles andre hilft dir nicht."*

Sie kommt zurück. Betend seh ich ihr entgegen. Die beiden Herren trinken an der Theke noch ein Schnäpschen. So sind wir noch einen Augenblick allein an unserem Tisch.

Mit großen, fragenden Augen sieht sie auf das Kärtchen und auf das kleine silberne Kruzifix und dann auf mich. Plötzlich bricht es aus ihr hervor: „Ach, ich weiß es genau, ich gehöre nicht hierher! Aber ich nahm das Angebot an, weil ich ohne Stellung bin. Meine Mutter steckte mir das Kreuzchen in die Tasche und sagte dabei, ich solle nicht vergessen, daß sie daheim für mich bete. Wissen Sie, ich wollte so gern wieder

Geld verdienen — und da griff ich zu. Man sagt, ich eigne mich für den Film. Vielleicht will man mich ausbilden und mir ein Stipendium verschaffen. Das hat mich alles natürlich sehr angelockt. Aber — wenn man das beherzigen will, was Sie mir da aufschrieben, dann kann man es unmöglich auf den »Brettern«.

Wenn ich dies kleine Kruzifix ansehe, dann verfolgen mich die Augen meiner Mutter, die mich anflehen, und mein Gewissen warnt mich."

„Und Sie, liebes, junges Menschenkind, seien Sie der Stimme Gottes gehorsam!"

„Die Entscheidung ist bereits gefallen. Fürchten Sie nichts! Es ist das erste und es ist das letzte Mal, daß man mich beim Film sieht. Gott hat sehr ernst durch Ihre geschriebenen Worte zu mir geredet. Ich bespreche das alles mit meiner Mutter. Ich lieb sie sehr. Sie hilft mir zurecht. Ihnen dank ich von ganzem Herzen! Ihre Mahnung kam im rechten Augenblick."

Man bricht auf, nachdem der Regisseur mit einer Donnerstimme zur Weiterarbeit aufruft. Du liebes, junges Menschenkind, gesegnet seist du, daß du Gottes Stimme gehört hast — und ihr gehorsam bist!

4.

Es sind wenige Minuten vor dem Beginn der Gebetstunde vor dem Gottesdienst. Der Platz zu meiner Linken ist noch frei. Plötzlich wird er besetzt durch einen jungen Menschen, der wahrscheinlich die ganze Nacht in den Kneipen von St. Pauli herumgelungert hat. Mir wird übel — so riecht dieser Mensch. Ja, mir wird so übel, daß ich schleunigst die Flucht ergreife und nach draußen gehe. In der frischen Luft wird mir wieder wohler. Doch Abscheu hab ich immer noch vor diesem Menschen und innerlich schüttle ich mich, wenn ich daran denke, wie er heruntergekommen ist. Doch — ist es nicht ein Ärmster der Armen, den Jesus liebt? Ja, aber du bist mir wirklich ein zu großes „Stinkerle".

Mit dem besten Willen kann ich nicht gegen diese Abneigung an. Ich kann dich mit deinen Gerüchen wirklich nicht ertragen!

Wenn ich nicht die Gebetstunde versäumen will, muß ich mich beeilen und wieder hineingehen. Im Stillen hoff ich, daß mein Platz inzwischen besetzt ist. Doch da seh ich zu meinem großen Schrecken, daß der Platz noch leer ist, wie ich ihn verlassen habe. In mir kämpft es. Warum soll ich mich nicht irgendwo anders hinsetzen dürfen? Wer will es mir verwehren? „Was ihr getan habt einem unter diesen Meinen geringsten Brüdern, das habt ihr Mir getan!" kommt es mir in den Sinn. Ich schäme mich sehr. Dann aber setze ich mich wieder neben meinen Freund von der Landstraße. Wenn der Heiland sich meiner nicht geschämt hat — da soll ich etwa die Nase rümpfen?

Mein Freund hat kein Liederbuch. Oder sitzt er etwa unversehens darauf in seiner „Schusseligkeit"? So singen wir aus meinem. Er hat ein kräftiges Organ — und vielerlei Düfte umwehen meine Nase. Doch weil ich in ihm nun einen Menschen sehe, den der Heiland liebhat, da möchte auch ich ihm nun gern etwas Liebes erweisen. Also bete ich für ihn. Nach dem Schlußlied gibt er mir die Hand und sagt: „Ich danke Ihnen!"

„Ja, wofür denn?" lache ich vergnügt zurück. „Ich hab ja gar nichts für Sie getan!"

„Doch! — — — Ich dank Ihnen für Ihre Freundlichkeit!" Da bin ich verlegen und weiß im Augenblick nichts mit ihm anzufangen, weil seine Antwort mich doch innerlichst bewegt und beschämt. So klopfe ich ihm die Jacke ab, er hatte sich wohl irgendwo an eine Kalkwand angelehnt. Da gibt er mir noch einmal die Hand — und in mir ist Freude, ihm doch wenigstens etwas Liebes getan zu haben. Als ich ihn frage, ob er auch etwas von dem Gesagten verstanden habe, kommt es schlicht und mit vollem Ernst aus ihm heraus: „O ja! Gott ruft mich!"

Du liebes „Stinkerle", wenn ich dich auch gar nicht leiden konnte, nun hab ich dich von Herzen lieb, denn du hast Gottes Stimme und Seinen Anruf vernommen.

5.

Ich bin überaus glücklich! Ich habe eine wunderschöne Neubauwohnung bekommen. Zwar ist sie im „Dach-Juchhe", aber was macht's, um so näher ist sie dem Himmel. Kaum fassen kann ich mein Glück. Der Umzug ist bereits erfolgt. Noch bin ich beim Hämmern, Packen, Rücken und Schieben, da klingelt es. Die ersten Besucher kommen. Es sind unsere „Elim-Drillinge" mit einem Blumentopf, einer entzückenden Azalie. Sie sind wirklich die allerersten Besucher und wollen mir ein Lied singen. „Gott ist die Liebe?" frage ich. Alle drei schütteln mit wichtigen Mienen den Lockenkopf. Was singen sie mir?

> *Weil ich Jesu Schäflein bin,*
> *freu ich mich nur immerhin*
> *über meinen guten Hirten,*
> *der mich wohl weiß zu bewirten,*
> *der mich liebet, der mich kennt*
> *und bei meinem Namen nennt.*

In die Arme hab ich alle drei geschlossen und hab den Wuschelköpfchen herzlich gedankt. Nichts hat mein Herz so erfreut und bewegt von allen späteren Freunden und Bekannten, die kamen, als das Lob aus dem Mund dieser Kinder. Ja, mein Herz hat mit ihnen gejubelt: *„Amen, ja, mein Glück ist groß."*

„Meine Schafe hören Meine Stimme, und Ich kenne sie, und sie folgen Mir." Gesegnet seid ihr drei, die ihr die Stimme des guten Hirten kennt und Ihm folgt! Gesegnet seid ihr, die ihr ein hörend Ohr schon in der Frühe eurer Kindheit empfingt, Seine Stimme zu hören. Ja, ein sehendes Auge und ein hörendes Ohr macht beides der HErr.

Vater Heidel

Ach, wie kam er mit seinen 84 Jahren die Treppen zu mir heraufgekeucht! Und wie erschrak ich, als er vor mir stand, der liebe alte Vater Heidel! Stoßweise und zerquält kam eins nach dem andern heraus. Der Sohn, Besitzer eines gutgehenden Gaststättenbetriebes und einer Kegelbahn am Stadtrand Hamburgs, hatte ihm tobend einen Strick in die Hand gedrückt und hatte geschrien: „Häng dich auf, oder scher dich ins Altenheim!"

Voller Verzweiflung, wirklich mit dem dicken Strick in der Tasche, hatte er das Haus verlassen. So kam er bei mir an. Der Teufel selber schien das Regiment dort im Haus zu haben. Wie konnte man sonst so an seinem alten Vater handeln?

Armer alter Vater Heidel! — Das Herz im Leibe konnte sich einem umdrehen bei soviel Grausamkeit. Wie konnte ein Kind so am eigenen Vater handeln!

Ich ließ ihn reden und erzählen, merkte ich doch, wie es ihm wohltat, daß er seinem bekümmerten und so verzweifelten Herzen Luft machen konnte.

Durch das Sterben seiner geliebten Frau, seiner Hertha, war er innerlich von Gott angerührt und hatte noch in seinem hohen Alter angefangen, Gottes Wort zu lesen und auch das bekannte Buch des Evangelisten Billy Graham: „Friede mit Gott!"

Sein Herz war so voll geworden von der Liebe Gottes zu uns sündigen Menschen, daß er einfach mit andern darüber sprechen mußte. Sohn und Schwiegertochter erklärten ihn für „verrückt". So hatte er sich verschiedene Male zu den Gästen ins Klubzimmer gesetzt und hatte ihnen, weil ihm das Herz so übervoll war, aus dem Römerbrief vorgelesen.

Die Schwiegertochter holte daraufhin den lieben Alten von den Gästen fort und verbot ihm, sich weiterhin mit ihnen zu unterhalten. Als der Sohn den alten Vater wegen seines Bibellesens verspottete und beschimpfte, ja, es ihm in seinem Hause gänzlich verbot, war es jedoch wieder die Schwiegertochter, die ihrem Mann warnend sagte: „Du, laß das! Wer weiß, wie wir vielleicht in unserem Alter noch einmal zur Bibel greifen!"

Mit dem Sohn war es dann später zu einer heftigen und furchtbaren Auseinandersetzung gekommen, die damit ihr Ende fand, daß er dem alten Vater den Strick in die Hand drückte und ihn zum Hause hinausjagte.

Ich machte ihm erst einmal ein ordentliches Abendbrot und bereitete ihm auf der Couch im Wohnzimmer ein Lager für die Nacht. Dann lasen wir gemeinsam Gottes Wort und beteten miteinander. Ach, wie wohl tat es ihm, daß man ihn mit Liebe umgab!

Es folgte eine furchtbare Nacht. Wir kamen kaum zur Ruhe. Hatte der gute Alte sich so sehr über alles aufgeregt, oder hatte er in seinem Heißhunger zu viel gegessen? Ich weiß es nicht. Es konnte auch beides sein. Das Bett und er selber waren beschmutzt von oben bis unten. Der schöne Parkettfußboden schwamm von allem möglichen. Als er dann wieder sauber und frisch in seinem Bett lag, fühlte er sich überaus wohl. Immer wieder bat er, ich möchte ihn nur nicht wieder fortschicken. Ja, er flehte mich förmlich an, es nicht zu tun. Am Sonntagmorgen holte die Tochter ihn zu sich.

Dann kommt ein Freitagmorgen, den ich nie vergessen werde. Ich habe dienstlich im Krankenhaus Elim zu tun. Bei meinem Gang durchs Haus und über die Stationen höre ich im 1. Stock auf der Männerstation hinter einer nur angelehnten Tür ein schweres stöhnendes Atmen wie von einem Asthma-Kranken. Schon habe ich die Türklinke in der Hand. Doch — kann ich denn einfach zu einem wildfremden Menschen ins Zimmer gehen? Schließlich sind die Schwestern ja auch da!

Und doch zieht es mich mit eigentümlicher Gewalt zu diesem Kranken hinter der angelehnten Tür. Ich suche nach einer Schwester, um zu fragen, was mit diesem Kranken ist, und ob ich zu ihm hineingehen dürfe. Aber ich finde keine. So bete ich innig für diesen armen Kranken, der sich scheinbar sehr quälen muß.

Ich gehe weiter und ahne nicht, daß es der liebe, alte Vater Heidel ist. Meine Zeit ist sehr bemessen. Ich muß zum Diktat auf die Behörde. Mitten im Diktieren der Dienstpost werde ich eilig ans Telefon gerufen. Man ruft mich an ein Sterbebett. Sofort breche ich ab. Nicht schnell genug fährt mir der Taxi-Fahrer. Ob ich ihn noch lebend antreffe?

Ich kann es immer noch nicht fassen, daß ausgerechnet er es war, der hinter der angelehnten Tür lag. Man hatte mir im Haus nichts davon gesagt, weil jeder, der mich gesehen hatte, mit Bestimmtheit annahm, ich wäre bei ihm gewesen.

Zusammen mit der Stationsschwester gehe ich zu ihm. Ob er noch ansprechbar ist? Tatsächlich, als ich ihn anrufe, stößt er voller Freude meinen Namen hervor. Herzbeweglich ist es, wie seine zitternden Hände nach mir greifen. Ich befehle ihn dem Erbarmen Gottes an, sage ihm immer wieder den einen Namen, der über alle Namen geht: *„Jesus Christus!"*

Eine Verheißung nach der andern ruf ich ihm zu. Immer wieder noch drückt er meine Hand als Zeichen, daß er mich noch hört und versteht. Still und voll Frieden liegt er da wie ein verlöschendes Licht. Er weiß, es geht nach Hause. Ich hab ihn nicht im unklaren darüber gelassen.

Dann antwortet kein Händedruck mehr.

Betend sitze ich neben ihm, bis seine Seele daheim ist beim HErrn. Seine Hand hält auch im Tode die meine noch so fest umklammert, daß ich sie kaum lösen kann.

Nun bist du daheim, Vater Heidel, wo's kein Leid und keine Tränen mehr gibt. Dein letztes kindliches Glauben wird nun Schauen sein.

Oh, daß Gott sich doch auch über den Sohn erbarmen möge, der seinen alten Vater mit einem Strick zum Hause hinausjagte!

Jesus inkognito

Gesegneten Werkzeugen im Reich Gottes nahe sein, sie erleben, ihnen begegnen dürfen, das ist ein großes Geschenk. „Sich nur keinen Segen entwischen lassen", das war von frühster Jugend an mein Grundsatz. So war ich auch bei jener Abordnungsfeier in Rostock, in der zwei Missionarinnen nach China ausgesandt wurden.

Ob wohl auch die Leiterin der Bibelschule der „Malche", Fräulein Jeane Wasserzug, kommen würde? Mein sehnlichster Wunsch war, einmal dieser Frau, diesem gesegneten Werkzeug in Gottes Hand, begegnen zu dürfen. Weit über die Grenzen unseres Vaterlandes hinaus wußte man um ihre geisterfüllten Schriften und um ihren gesegneten Dienst im Reich Gottes. Aussprüche von ihr liebte ich schon in jungen Jahren. Sie sind voller Salz und Kraft, so recht für den Alltag und fürs tägliche Leben zugeschnitten. Gesegnet die jungen Menschen, die unter ihrer Leitung herangebildet wurden zum fruchtbaren Dienst im Reich Gottes! Ich brannte darauf, sie einmal zu sehen, ihr zu begegnen.

Aus ganz Deutschland waren Vertreterinnen der verschiedenen Kreise des Deutschen Frauen-Missions-Gebetsbundes (DFMB) gekommen. Wartend saß man in der überfüllten Kirche. Wie sollte ich da noch einen Platz finden? Ein feines, inneres Verhältnis verband mich mit Schwester *Lotti von Huhn*, einer der Missionarinnen, die ausgesandt wurden. Oft hatte man uns beisammen gesehen. So nahm der Kirchendiener an, ich sei eine Verwandte von ihr und brachte mich trotz heftigen Widerstrebens in die durch eine Schnur abgesperrten freigehaltenen Reihen für Freunde und Verwandte der beiden Missionarinnen. Der alte Kirchendiener schien recht schwerhörig zu sein. Er hörte nicht auf meine Einwendungen, die ich ihm fortwährend zuflüsterte, sondern schob mich getrost weiter vor sich her. Mir wurde bald heiß, bald kalt vor lauter Aufregung.

Da saßen sie alle, die Großen im Reich Gottes: Pastor *Johannes Lohmann* (1867—1941), die Bundesmutter Frau *von Oertzen*, *Hedwig von Redern* (1866— 1935), Frau *von Scheve*, Fräulein *von Bülow*, Frau *von Hippel* und viele andere mehr.

Welch ein Bild der Schlichtheit und Einfachheit nach außen hin und innerlich: welch ein Reichtum der Liebe Gottes, ausgegossen in ihre Herzen, viele zu segnen und reichzumachen! Unwillkürlich kam mir der Gedanke: verhüllte Herrlichkeit Jesu Christi! So war auch Er, der Sohn Gottes, der die Himmel und die Herrlichkeit des Vaters verließ, einst unter uns Menschen — arm, in Knechtsgestalt, um durch Seine Armut mit überschwenglichem Reichtum der Liebe Gottes uns zu beschenken, zu erfüllen und zu segnen.

Da saßen sie alle — ein Abglanz der Liebe ihres HErrn, in Seinem Auftrag dienend, Sein angefangenes Werk hier auf Erden ausführend — und ich durfte dabei sein, durfte ihnen allen nahe sein und wurde überströmend gesegnet.

Ein kleiner Zwischenfall zeigte mir deutlich, wie sehr ich aber auf Erden und noch nicht im Himmel war. Ja, er ließ mich bis unter die Haarwurzeln erröten — aber machte mich doch auch wieder so unendlich froh, weil ich dabeisein durfte.

Hilda von Hippel, die ich gut kannte, begrüßte die Bundesmutter Frau von Oertzen mit einem Hofknicks. Ich hatte keine Ahnung von solch einer vornehmen Begrüßung. Da ich der Bundesmutter so unmittelbar auf dem Fuße folgte, wäre ich beinahe über sie hinweggestolpert, weil sie so plötzlich vor mir durch das Verbeugen in die Tiefe sank. Allem Anschein nach hatte der junge Herr von Bülow das Unglück schon herannahen sehen. Schnell sprang er hinzu, um mich noch im letzten Augenblick aufzufangen. Doch trat ich ihm dabei so unglücklich auf den Fuß, daß er jäh zurückprallte. Beide entschuldigten wir uns gegenseitig. Ich war durch alles so verwirrt, daß ich mich völlig vorbeibenahm. Weil er sich vor mir verbeugte, glaubte ich, dasselbe tun zu müssen. Dabei stießen wir unversehens so heftig mit den Köpfen zusammen, daß ein fröhliches Gemurmel und herzhaftes Lachen rings um uns her erscholl. Freundlich bot er mir den Arm und führte mich zu meinem Platz. Wie peinlich, daß er sich nun auch noch zu mir setzte!

Glutübergossen saß ich da, beschämt über mein gesellschaftliches Versehen auf der ganzen Linie. Schüchtern versuchte ich mein schlechtes Benehmen dadurch etwas auszugleichen, daß ich mich einer lieben alten Dame etwas annahm, die neben mir saß. So mühte ich mich, ihr jeden Wunsch zu erfüllen, den ich ihr von den Augen ablesen konnte. Meiner Meinung nach hätte sie meine Urahne sein können. Dementsprechend war auch mein Besorgtsein um sie. —

Die Abordnung nahm ihren Fortgang. Unvergessen ist mir die Einsegnung der beiden Schwestern. Aber noch stärker in Erinnerung ist mir, wie mir mein Herz schlug, als angesagt wurde, daß nun Fräulein *Wasserzug* ein Wort an die Schwestern richten würde. Nach allen Seiten spähend, versuchte ich die Angekündigte zu erblicken. Endlich sollte mein Herzenswunsch in Erfüllung gehen. Wer beschreibt darum mein Erstaunen und mein Entsetzen, als die liebe alte Dame neben mir sich erhebt und auf die Kanzel steigt. Ich war enttäuscht — grenzenlos enttäuscht auf der ganzen Linie. Ihr Äußeres entsprach durchaus nicht dem Wunschbild, das ich in meinem Herzen von ihr erdacht hatte. Das sollte nun die so gesegnete Reichgottesarbeiterin sein, die Leiterin der Bibelschule? Dieses kleine, unscheinbare Persönchen?

Doch kaum hatte sie einige Worte gesagt, da schämte ich mich unsagbar. In Vollmacht des Geistes Gottes stand sie da, ja sie wuchs über sich selbst hinaus. Unvergeßlich prägten sich mir ihre Worte ein, so daß ich sie heute noch in Gedanken höre:

„Jesus Christus! In diesem Namen liegt unser ganzes Heil, unser ganzes Glück — ein Glück, das hier auf Erden beginnt, im Himmel seine Fortsetzung findet und in Ewigkeit nicht endet.

Jesus Christus! Das ist genug, um ein ganzes Leben auszufüllen, um es überfließen zu lassen.

Jesus Christus! Das ist genug, um nach China zu gehen.

Jesus Christus! Das ist genug im Leben und im Sterben."

Es war, als wäre Er, der auferstandene und erhöhte HErr selbst in unsere Mitte getreten, unsichtbar und doch so unsagbar nah und uns alle segnend. Nie werde ich diese Stunde vergessen, da sich der Himmel über uns öffnete und wir ein Stück sonst verhüllter und jetzt geoffenbarter Herrlichkeit Jesu Christi sahen.

Nochmals: Inkognito

Draußen fegen die Herbststürme über die Felder. Die Regentropfen peitschen gegen unser Abteilfenster. Ich bin auf der Fahrt nach Buxtehude. In solchem Wetter unterwegs zu sein, das ist wahrlich kein Vergnügen. Nun, wer geht da schon nach draußen, wenn er's nicht unbedingt muß!

Der Zug hält in einem einsamen, verlassenen Nest. Stimmen werden laut, Türen werden zugeschlagen. In unser Abteil herein klettert ein altes Mütterchen mit einer wuchtigen, schweren Tragkiepe, wie man sie früher auf dem Land hatte. Wir helfen ihr, die schwere Last abzusetzen. Pustend und nach Atem ringend läßt sie sich auf die Bank fallen, dann sitzt sie glücklich und zufrieden zwischen uns. Kleine Rinnsale bilden sich auf dem Fußboden des Abteils, so tropft von ihren nassen Sachen das Regenwasser. Etwas Eigenes ist es um diese liebe Alte, die wohl vom Alltag gebeugt ist, doch sie strahlt so etwas Liebes und Zufriedenes aus. Ich möchte mehr von ihr wissen. Darum versuche ich, mit ihr ins Gespräch zu kommen.

„Sagen Sie mal, Großmütterchen, müssen Sie denn unbedingt soviel schleppen und tragen? Können Sie's nicht etwas sachter angehen lassen? Sie sind doch wahrlich nicht mehr die Jüngste!"

Ein Freudenschein gleitet über das alte, runzelige Gesicht, als sie entgegnet: „Ja, Kind — müssen — nein, so ist es keineswegs. Ich muß es nicht. Und doch ist es wiederum ein eigen Ding um dieses »Müssen«. Ich weiß nicht, ob Sie mich verstehen. Wen die Liebe Christi dringt, der muß wirken, solange es Tag ist. Ich fürchte, bei mir kommt bald die Nacht, da ich nicht mehr wirken kann."

Groß ist ihre Freude, als ich ihr sage, daß auch ich den HErrn Jesus von ganzem Herzen liebe. Auf die große Kiepe zeigend, fährt sie fort: „Sieh mal, da in der Kiepe sind Sachen, die ich den Leuten auf den Dörfern zum Kauf anbiete. Aber das ist nur so der Form halber, inkognito! Was die Kiepe so schwer macht, sind Bibeln und Testamente. Mit der Tür ins Haus fallen, das ist bei meinen Heidjern nicht immer angebracht. Da biete ich zuerst das eine und andere zum Kauf an. Die meisten Leute lassen mich rein, es geschieht auch aus Mitleid. Aber das stört mich nicht."

Der Schalk blitzt ihr aus den Augen, als sie fortfährt: „Wenn die von vornherein wüßten, was die »Olle« bei ihnen will, dann würden sie mich vielleicht dreikant zur Tür hinausbefördern. Erst müssen wir ein bißchen warm miteinander werden. Mir geht immer wieder das Herz auf im Blick auf meine geliebten Heidjer. Ich muß ihnen einfach von Jesus sagen.

Zu Haus braucht man mich nicht mehr. Mein Lebensunterhalt ist gesichert. Die Enkelkinder von meinem einen Sohn sind erwachsen und somit aus dem Gröbsten heraus. Mein anderer Sohn ist auf der Bibelschule in Wiedenest. Eine Tochter ist draußen in Afrika in der Mission und die andere ist bei den Kaiserswerther Diakonissen. — Die brauchen mich alle nicht mehr, aber der HErr braucht mich wohl immer noch. Ihm möchte ich dienen bis zum letzten Atemzuge. Wer keine Bibel bezahlen kann, dem schenke ich eine. Kein Haus soll ohne Gottes Wort bleiben, in dem ich gewesen bin. Gott wird das Seine tun. Ich fürchte nur, ich komme gar nicht ganz herum in all meinen Dörfern. Manchmal merke ich doch, daß ich alt werde. Aber mein Herz ist immer jung und voller Freude. 71 Jahre bin ich alt. Ach, es gibt noch so viel zu tun für den HErrn Jesus! Und wenn die Jungen versagen — da schaffen wir Alten eben noch ein bißchen, solange die Kraft reicht."

Dabei strahlen mich ihre Augen so herzlich an. Beschämt sitze ich da. Die nächste Station ist in Sicht.

Plötzlich faßt die liebe Alte meine beiden Hände, sieht mir fest in die Augen und sagt: „Mach's ebenso Kind! Gott segne dich und setze dich zum Segen!"

Der Zug hält. Wieder helfen wir ihr, die schwere Kiepe aufzubürden. Noch einmal dreht sie sich nach mir um und ruft mir strahlend zu: „Gott befohlen! — und — Auf Wiedersehen droben!"

Dann ist das liebe Gesicht schnurstracks auf das Dorf gerichtet, dem sie, ohne sich noch einmal umzusehen, zielbewußt entgegenstrebt.

Draußen tobt der Herbststurm. Klatschend peitscht er den Regen gegen die Fenster des Abteils. Mir aber ist, als wäre der HErr Jesus mir begegnet — inkognito!

„Siehe, Ich habe vor dir gegeben eine offene Tür."

Als ich meine Bibel aufschlagen will, fällt mir ein Kärtchen mit diesem Gotteswort entgegen. Nun, dann mutig drauf los, wenn einem eine solch herrliche Verheißung mit auf den Weg gegeben wird! Zwar liegt ein gerütteltes Maß Arbeit hinter mir — und abgespannt und müde bin ich auch. Aber wenn Er, der HErr, uns gehen heißt und uns eine solch herrliche Verheißung auf den Weg gibt, dann muß etwas zum Lob Seiner herrlichen Gnade dabei herauskommen.

Lange schon hatten wir dem HErrn diesen Besuch anbefohlen. Den Auftrag hatte Er gegeben — bei uns lag das Gehorchen und Ausführen. Weil wir um die verborgene Herrlichkeit wissen, die in jedem Auftrag liegt, gehorchen wir gern und freudig. Ist es nicht überall, wo immer es auch sei, ein großes, heiliges Dürfen? Dieses *Dienen-Dürfen* ist Glück, unsagbar großes und tiefinneres Glück.

Das Zigeunerlager in Wilhelmsburg auf der Kornweide ist unser Ziel. Das Wetter ist entsetzlich. Der Sturm heult und treibt uns nur so vor sich her. Es ist unmöglich, auch nur ein einziges Wort miteinander zu reden, weil der Wind es einem sofort vom Mund abschneidet.

Durch Dreck und Matsch stapfen Schwester Gertrud W. und ich zum ersten Wagen. Schwester Gertrud ist unsere Zigeuner-Missionarin von der Süd-Ost-Europa-Mission mit einem brennenden Herzen voll Heilandsliebe für ihre Zigeuner.

Ich muß zuerst einmal der Stammesmutter vorgestellt werden. So fordert es die Sitte. Sonst erhält man keinen Zutritt zu den Zigeunern. Schwester Gertrud macht mich darauf aufmerksam, daß vielleicht auch eine Dirne auftauchen werde, die sich eng zu den Zigeunern hält. Vielleicht, daß Gott mir Gnade schenken würde, Zugang bei ihr zu finden. Bisher sei sie völlig ablehnend gewesen.

Wir klettern in den ersten Wagen hinein. Wohlige Wärme und schönes, elektrisches Licht strömt uns entgegen. Peinliche Sauberkeit herrscht, wohin man blickt. Eine junge Zigeunerin hockt vor dem Herd. Ich kenne sie von der Weihnachtsfeier her, auch ihren kleinen Sprößling. Vater Weiß, der Mann der Stammesältesten, erhebt sich von der Bank, begrüßt uns würdig und ehrerbietig und weist uns herzlich seinen Platz an. Doch ich werde von Schwester Gertrud mit sanfter Gewalt weiter nach vorne geschoben, wo das Innere des Wagens durch einen Vorhang getrennt wird.

Auf der Bettkante sitzt die alte Frau Weiß, die Stammesälteste. An den Händen blitzen Diamanten und andere Edelsteine. Kostbare Ringe hängen tief von ihren Ohren herab.

„Hier bring ich dir unsere Schwester, die dir damals ihre Wohnung zur Verfügung stellen wollte, Mutter Weiß, als du die Gallenkur machen solltest", sagt Schwester Gertrud.

Ein prüfender Blick geht über mich hin, der dann einem schwachen Lächeln Platz macht. Sie gibt mir die Hand, die sie lange in der meinen ruhen läßt und nickt mir zu. Das also war die formelle Vorstellung bei der Stammesältesten. Es scheint, als sei ich „zugelassen" zu ihrer Sippe.

Wir sprechen über ihre Erkrankung und über manches andere. Zwischendurch sage ich: „Wissen Sie, Gott hat Ihnen doch in vielen Dingen wunderbar geholfen. Da wollen wir das Danken nicht vergessen!"

„Das ist wahr!" nickt der alte Vater Weiß und erzählt von einem wunderbaren Bewahren Gottes im KZ. Ein Zigeuner nach dem andern wurde damals erschossen. Als seine eigne Sippe an die Reihe kam, hatte er, einer plötzlichen inneren Eingebung folgend, seinen Wehrpaß aus dem Ersten Weltkrieg aus seiner Brusttasche herausgerissen und im letzten Augenblick gerufen:

„Hier, seht her! Im Ersten Weltkrieg habe ich für euch alle gekämpft wie ein Vater, wie ein Bruder! Und jetzt wollt ihr mich und meine Sippe erschießen? Ist das euer Dank?!"

Da hatte der Kommandant sich umgedreht, und alle waren gerettet. „Mein Sohn, der Bürgermeister aus dem Nebenwagen, ist damals fünf Jahre alt gewesen und hing weinend an meinem Hosenbein, als ich erschossen werden sollte. Schwester, Sie haben recht! Wir schulden Gott viel Dank!"

Wie jubelt mein Herz! Wahrlich: „Ich habe vor dir gegeben eine offene Tür!"

Ein kleiner Wuschelkopf sieht durch die Tür und zwängt sich schnell herein. Der Sturm ist so heftig, daß der kleine Kerl die Tür kaum festhalten kann. Er fragt: „Ist die Tante – ich meine die von Weihnachten – schon hier? Sie soll auch noch zu uns kommen!"

Ich höre es voller Freude. Ja, mein Herz jubelt und betet an, wie wunderbar der HErr ist.

Schwester Gertrud redet dem Kleinen freundlich zu. Von mir holt er sich ein paar Bonbons und rennt dann in Wind und Wetter hinaus, um zu berichten, daß die Tante da wäre und auch noch zu ihnen käme.

Ich kann es nicht fassen. Immer wieder schweift mein Blick zu Martha hinüber, der jungen Zigeunerin. Sie ist dabei, uns Kaffee zu kochen und Brote zu streichen. Ich weiß plötzlich, irgendwie ist sie mir schon einmal begegnet. Aber wo?

Ein heftiger Windstoß läßt die Tür hart an die Wagenwand schlagen. Eine große, stattliche Frauengestalt springt behende in den Wagen herein. Ein leises Anstoßen von Schwester Gertrud sagt mir ohne Worte, daß es die Dirne ist, von der sie sprach.

Als wir uns begrüßen und sie mir ihren Namen nennt, bin ich es, die stutzt. „Warten Sie einmal — da haben wir im Krankenhaus doch einen Kranken gehabt — mit demselben Namen. Aber er starb bereits vor zwei oder drei Jahren."

Die Augen der Frau weiteten sich in ehrlichem Erstaunen. „Sie kommen aus dem Krankenhaus in der Heide? — Das stimmt alles! Es war mein Vater, der dort an Lungenkrebs starb! Aber wie ist das alles nur möglich?! Dann sind Sie ja die Fürsorgeschwester, die meine Mutter getröstet hat und die so nett zu ihr war!? Sie konnte damals nicht genug erzählen, wie wohl ihr der Zuspruch in ihrer großen Herzensnot getan hat. Sogar in Ihr Zimmer haben Sie Mutter mitgenommen, und Sie haben ihr Kaffee gekocht und Brote gestrichen. Dann haben Sie noch dafür gesorgt, daß Mutter den neuen Anzug von Vater behalten durfte und auch die andern Sachen. Man wollte sie ihr abnehmen, weil Vater wegen seiner Erkrankung schon längst von der Kasse ausgesteuert war und die Sozialbehörde die Krankenhauskosten zahlte. Wie furchtbar war das alles für Mutter! Dann kamen Sie und haben alles so liebevoll geregelt."

Ich muß staunen und beschämt denken: „Welch wundersames Führen unseres Gottes!"

Ich sehe die kleine hilflose und todtraurige Frau noch deutlich vor mir. Ihr Leid schnitt mir tief ins Herz. Ich hatte sie bis zur Abfahrt des Busses zu mir in mein Zimmer genommen. Es war mir selbstverständlich, ihr ein wenig Liebe zu erweisen. Wie offen war sie für den Trost aus Gottes Wort gewesen! Und nun — dieses Zusammengeführtwerden mit ihrer Tochter — einer Dirne! „Siehe, Ich habe vor dir gegeben eine offene Tür!"

Wie ich vor Jahren der Mutter von der großen Liebe Gottes in Christus Jesus zu uns elenden Menschen sagte, so geschieht es auch jetzt mit übervollem, brennenden

Herzen bei der Tochter. Tränen rinnen ihr die Wangen herunter. Wir alle spüren die Gegenwart und die Heiligkeit Gottes. Wie ich einst für den sterbenden Vater betete und dann für die trauernde Mutter, so werde ich jetzt für die Tochter beten.

Mit tränenüberströmtem Gesicht nimmt sie die Bibel, die Schwester Gertrud ihr schenkt. Gottes Wort wird nicht leer zurückkommen, dessen sind wir gewiß.

Es paßt der alten Mutter Weiß nicht, daß noch eine ihrer Sippe dazukommt, weil sie so ein „schlampiges Etwas" ist. Ihre strafenden Augen reden Bände und funkeln nur so. Ich aber flüstere der Kranken zu: „Nicht so, Mutter Weiß! Laß sie! Sie hat doch auch eine unsterbliche Seele! Laß sie doch mitgesegnet werden mit uns allen!"

Da schlägt die Neuangekommene die Augen nieder und setzt sich zu uns. Sie läßt sich allerdings durch nichts in ihrem Tun stören und nährt ihren Jungen seelenruhig weiter, als wir zusammen singen und gemeinsam beten.

Eigentlich müßten wir jetzt gehen, aber mir ist das Herz noch so randvoll, und irgendwie werde ich innerlich noch gehalten. „Ach, wißt ihr, ich habe euch alle so lieb, wenn ich euch der Reihe nach so ansehe! Und wißt ihr, wie das kommt?"

Staunende und fragende Augen sind auf mich gerichtet. „Wir hatten vor Jahren in unserem Krankenhaus einen kleinen Zigeuner, unsern Jonny! Den habe ich von Herzen geliebt. Ich wollte, ihr hättet den gekannt, aber der ist schon längst im Himmel. Ach, war das ein lieber Junge, so blitzsauber innerlich und äußerlich, und immer so rührend dankbar! Das Schönste war: er hatte den HErrn Jesus von Herzen lieb."

„Was, Schwester, du hast unsern Jonny, den Vetter unserer Martha, gekannt?" Die alte Mutter Weiß ruft es. Sie kommt in ihren Kissen hoch und ist plötzlich ganz lebendig. Ihre dunklen Augen, die sonst vor

Schmerz und Elendsein so tieftraurig blicken können, sprühen nur so.

„Und ob ich ihn gekannt habe, unsern Jonny!" rufe ich erfreut und tiefbewegt. Dann erzähle ich von ihm, von seiner Liebe zum Heiland, und wie krank und elend er immer gewesen ist. Ich erzähle von einem Mitkranken, einem Kunstmaler, der in rührender Weise sich seiner angenommen und wie ein Vater zu ihm gewesen ist.

„Was, den Kunstmaler kennst du auch?" ruft die alte Frau Weiß voll Erstaunen. Lebhaftes Reden in der Zigeunersprache schwirrt durch den Raum. Sie können sich scheinbar nicht genug wundern und reden alle durcheinander.

„Sieh mal, wir haben zwei Ölgemälde von ihm, weil er den Jonny so liebte!"

Richtig, ich lese unter den Bildern den bekannten Namen des Kunstmalers. Er hat Jonny auch einige Male fotografiert. Eifrig zeigt man mir die Aufnahmen. Ja, er ist es, unser kleiner Zigeuner-Jonny! Ich erzähle ihnen dann noch von der Gebetserhörung, die wir gemeinsam erlebten. Jung und alt hängen förmlich an meinen Lippen, geht es doch um *ihren* Jonny.

Ich erzähle weiter: „Jonny wünschte sich eines Tages brennend einen sogenannten »Schmachtriemen« für seine neue Hose. Doch wo sollte ich damals einen kostbaren Lederriemen herbekommen?

»Och«, meinte Jonny, »wir beten einfach darum!« Und tatsächlich! Eines Tages wurde unser Gebet erhört. Gott wußte ja um Seinen kleinen Jonny, der Ihm kindlich einfältig vertraute und hat ihm mit dieser Erhörung gewiß eine große Freude machen wollen. Man schenkte mir einen wunderschönen, beinahe neuen »Lederschmachtriemen«.

Wie bin ich damit zu meinem Jonny gerannt! Wie hat er seinem Heiland gedankt, daß Er seinen Wunsch erfüllt hat! Fast war ihm die Freude zuviel. Ihm brach immer wieder erneut der Schweiß aus. Wie oft habe ich ihm die Stirn in seiner großen Schwachheit trocken gewischt!"

„Ja, so war es auch, genau so!" ruft Mutter Weiß.

„Und ihr alle kanntet meinen Jonny?" frage ich voller Erstaunen. Wie ist Gottes Führen doch wunderbar!

„Und ob wir ihn kennen! Er war doch aus unserer Sippe. Und den Schmachtriemen haben wir auch noch."

Plötzlich entfährt mir ein Freudenschrei. „Martha, jetzt weiß ich auch, woher ich Sie kenne! An Jonny's Geburtstag kam eure ganze Sippe angereist. Viele Wagen waren da. Und jetzt weiß ich's auf einmal genau: Sie hatten einen weiten, grünen Rock an mit schwarzem Samtmieder und einer weißen Seidenbluse. Am Waldrand hatten sich alle gelagert. Die Geigen spielten — und Sie tanzten, Martha. Sie tanzten zuerst ganz langsam und den Tönen hingegeben und dann schnell und immer schneller, daß einem ganz schwindlig werden konnte. Ihre Haare und Ihr Röckchen flatterten nur so im Wind. Stimmt's, Martha?"

Heftig nickt sie mit dem Kopf, wiegt sich in Gedanken daran in den Hüften, und ihre dunklen Augen sprühen Feuer. „Ja, ja, genau so war es!"

Dann ist es plötzlich still zwischen uns, als ich bewegt fortfahre: „Seht einmal, der Jonny ging euch allen voran! Nun sorgt dafür, daß ihr im Himmel euch alle wiedertrefft und beisammen seid." Noch einmal darf ich ihnen die Botschaft vom Sünderheiland sagen. Mein Herz jubelt. Wahrlich: „Ich habe vor dir gegeben eine offene Tür!"

Ist sie nicht sogar weit offen? — Wir wollen weiter. Aber Martha bittet so rührend, doch noch zu bleiben. Man kann ihre Gastfreundschaft einfach nicht ablehnen. Die besten Tassen mit breitem Goldrand hat sie hervorgesucht. Ihre Augen strahlen, als wir es uns schmecken lassen.

Beim Abschied hält die alte Mutter Weiß meine Hand fest, sieht mich lange ernst und doch voll Güte an und sagt: „Schwester, komm bald wieder! Du gehörst zu uns!" Dann zieht sie mich zu sich herab und gibt mir einen Kuß auf die Stirn und sagt dabei voll Innigkeit: „Gott segne dich!"

So wurden wir zu Freunden — die Zigeuner und ich. Wahrlich: „Ich habe vor dir gegeben eine offene Tür!"

Dann geht es in den zweiten Wagen hinein. Hier ist es nicht ganz so mollig warm und auch nicht so vornehm. Doch äußerste Sauberkeit herrscht auch hier.

Franziska sitzt und nährt ihr Kind. Ihre dunklen Zigeuneraugen blitzen mich fröhlich an. In ihrem Herzen und Leben hat der HErr das Werk Seiner Gnade angefangen. Man spürt es und sieht es an den leuchtenden Augen.

Franziskas Mann ist krank. Er liegt warm zugedeckt auf einer Bank. Er hat ein feuchtes Tuch auf den schmerzenden Augen. Lachend lüfte ich es ein wenig, um zu sehen, wer sich darunter verbirgt. Ah! Wir kennen uns. Es ist auch ein Freund von der Weihnachtsfeier. — Bindehautentzündung? — O ja, sie ist schmerzhaft, wird aber hoffentlich bald wieder vorübergehn.

„Ihr Vater erzählte mir vorhin von der wunderbaren Bewahrung im KZ, als er erschossen werden sollte. Sie haben das alles als kleiner Junge miterlebt? Nicht wahr, da haben wir viel Grund zum Danken! Ohne Gottes Bewahrung wären auch Sie nicht mehr am Leben und hätten keinen Buben — und keine Franziska. Ihre ganze Sippe lebte nicht mehr."

Ich weiß nicht, ob er ablenken oder ob er uns etwas Liebes erweisen will, denn er sagt unvermittelt: „Schwester, Sie haben mich bei der Weihnachtsfeier so gut versorgt und mir immer neu den Teller mit Kuchen gefüllt. — Los, Franziska, mache den Schwestern einen ordentlichen Kaffee!"

Er ist ganz traurig, als er hört, daß wir schon nebenan ausgiebig Kaffee getrunken haben. Er meint, das nächste Mal müßten wir aber bei ihnen Kaffee trinken. Franziska geht es um innere Dinge. Sie erzählt, wie sie die Hilfe des HErrn unterwegs beim Spitzenverkauf erlebt hat. Ihr Herz ist randvoll davon. Es ist ihr heiliger Ernst, dem HErrn wirklich nachzufolgen. Kunden, denen sie früher die Handlinien gedeutet hat, zeugt sie jetzt vom Heiland. Doch auch ihr Mann ist innerlich aufgeschlossen und fragend.

Schwester Gertrud erzählt mir später, daß sie letzthin mit einer ganzen Reihe Zigeuner in eine Evangelisation gegangen ist. Da war auch er zur Nachversammlung zurückgeblieben. Beim Fortgehen hatte er gemeint: „Ach, könnt ich doch immer hierbleiben! Daß man auch wieder fort muß!"

Als wir gemeinsam gebetet haben, bittet Franziska: „Schwester — und nun bete uns noch einmal vor, damit wir es nachsprechen und auch beten lernen!"

Herzbeweglich ist es. Schwester Gertrud sagt einen Satz vor und beide Eheleute sprechen ihn betend mit gefalteten Händen nach. „Ziehe deine Schuhe aus, denn der Ort, darauf du stehst, ist heiliges Land!" So ist uns zumute. Wahrlich: „Ich habe vor dir gegeben eine offene Tür!"

Wir müssen versprechen, bald wiederzukommen. Kleine, schwarzhaarige Wuschelköpfe haben inzwischen immer wieder zur Tür hereingeschaut und gefragt: „Ist die Tante noch da? — Kommt sie auch noch zu uns?"

Im dritten Wagen prallt man förmlich zurück. Hier herrscht ein „Tohuwabohu" in köstlichster Aufmachung. Eine alte Zigeunerin — oder ist es nur der zahnlose Mund, der sie so alt erscheinen läßt? — wäscht und pudert gerade einen zappelnden Säugling. Dabei schimpft sie unaufhörlich, und die Brocken fliegen nur so. Das Kleid ist aufgetragen und zerfetzt, das Haar hängt ihr unordentlich in Strähnen ins Gesicht.

„Dieser Balg! Dieser elende Bastard!" hört man immer wieder. Das ist ja eine nette Begrüßung! Besuch scheint völlig unerwünscht zu sein. Am besten ist, man merkt so etwas gar nicht. Trotz allem — irgendwie beeindruckt mich diese kleine keifende Alte. Sicher verbirgt sich ein großer Kummer hinter ihrem Gezeter.

Der ältere Sohn macht uns höflich Platz, indem er mit einer einzigen schwungvollen Handbewegung den ganzen Krempel und das ganze Gelumpe zur Seite schiebt. Er weiß sich wenigstens zu helfen. Wir sitzen erst einmal. Mutter Weiß (auch eine von der Sippe also!) schimpft wie ein Rohrspatz lustig weiter, ohne auf uns die geringste Rücksicht zu nehmen.

Ich kann's einfach nicht lassen und sage: „Sieh mal, Mutter Weiß, wenn Gott nun auch mit uns immerzu so schimpfen würde —! Grund genug hätte Er wahrlich dazu, weil wir Ihm täglich erneut dazu Anlaß geben. Aber Er hat uns trotz all unserer Übertretungen und Sünden lieb und will uns erretten und uns zu fröhlichen Menschen machen."

Sie grummelt und brummelt etwas in sich hinein. Ich hör nur wieder etwas wie „Bastard!" — und — „. . . da, die Inge ist die Mutter dazu!" Das also ist der große Kummer von Mutter Weiß! Jetzt versteh ich sie.

Zwei große, dunkle Augen schauen hinterm Vorhang hervor. Ich schieb ihn etwas zur Seite. Meine eignen Augen werden groß und immer größer. Meine Gedanken hämmern und jagen. Inge? — Inge Weiß? Jetzt habe ich's!

„Inge, waren Sie vor vielen Jahren — so vielleicht als fünf- oder sechsjähriges Kind — einmal zur Kur in der Heide? — Waren Sie nicht bei einer Schwester Martina auf der Station?"

Inges große Augen staunen mich an. Sie nickt und kommt nun ganz hinter dem Vorhang hervor. Es sind beinahe Lumpen, die auf den zarten Gliedern dieses Mädchens hängen. Aber sie trägt sie mit einer so unbewußten Anmut, die einem ans Herz rührt. Voller Freude setzt sie sich neben mich, als suche sie vor der fauchenden Mutter Schutz und ein wenig Verstehen. Beim Erzählen schiebt sie scheu, aber doch voller Vertrauen, ihren Arm durch den meinen, als hätte sie jemand gefunden, der sie ein wenig versteht.

„Mag die Mutter den Jungen einen »Bastard« nennen! Er ist doch mein Kind! Und ich liebe ihn doch so!" Sie ist fast selber noch ein Kind — und es kommen solche Worte von ihren Lippen! Sollte das einem nicht ans Herz gehen? Sie nimmt ihr Kind und nährt es hinter dem Vorhang.

Windzerzaust springt eine Neunzehnjährige in den Wagen.

„Auch von der haben wir so'n Bastard hier!" Mutter Weiß hat ihre eigene Art, Menschen einander vorzustellen. Sie zeigt auf ein wuscheliges „Etwas" hinterm Vorhang und auf die Neuhinzugekommene. Ich seh nur ein rosiges Kinderbeinchen unter dem Wulst von Lumpen — oder soll es etwa Bettzeug sein? — hervorschauen. Erst, als ich dicht herangehe, sehe ich einen entzückenden Zigeunerbuben mit roten Bäckchen, der dort schläft.

„Mutter, schweig!" ruft die Neunzehnjährige. „Ich weiß, wie schlecht ich bin! Du brauchst es nicht immer wieder in die Gegend zu schreien!" Dann wendet sie sich zu mir und fragt: „Schwester, nun sag du mir doch endlich: Wie find ich nun einen gnädigen Gott?"

Heiliger Ernst spricht aus ihren Augen. Da stört es plötzlich gar nicht mehr, daß die ganze Familie sich Hände und Gesicht in der kleinen Wanne wäscht, in demselben Wasser, in dem das Kind eben gebadet wurde. Man sieht nicht mehr das Tohuwabohu um einen herum. — Hier hat sich der Himmel geöffnet, und wir sehen ein Stückchen Seiner Herrlichkeit.

Der Wagen hat sich inzwischen gefüllt. Zwei von den Weiß'schen Jungen kenne ich von der Weihnachtsfeier her, und es herrscht helle Freude über das Wiedersehen.

Dann sage ich allen von Jesus. Inge und ihre Schwester nehmen einem förmlich das Wort vom Munde ab. Schwester Gertrud hat mir schon vorher erzählt, wie aufgeschlossen beide für Gottes Wort sind. Über dem Lesen in ihrer Bibel vergäße Inge alles andere, so daß Mutter Weiß oft mit Recht am Schelten sei. Dann schallt es durch den Wohnwagen:

„Möchtest du los sein vom Banne der Sünd?
's ist Kraft in dem Blut,
Kraft in dem Blut.
Komm, deine Seele den Frieden gewinnt,
denn Reinigungskraft hat das Blut.
Es ist Kraft, Kraft, wunderbare Kraft
in dem Blut, in dem Blut,
es ist Kraft, Kraft, Überwinderkraft
in dem Blut des Heilands allein."

Bei solchem Lob Gottes aus Zigeunermund — sollten da die Engel im Himmel sich nicht mitfreuen?

Inge und ihre Schwester lassen es sich nicht nehmen, uns trotz Wind und Wetter noch an die Bahn zu bringen. Unterwegs haben wir noch ein feines Gespräch miteinander. HErr, erhalte diese offene Tür, die Du so wunderbar geschenkt und aufgetan hast — und rette Dir Zigeunerherzen zum Preis Deines herrlichen Jesusnamens!

Es schlägt Mitternacht, als ich die Tür zu meiner Wohnung aufschließe. Draußen heulen Sturm und Wetter, aber in meinem Herzen ist Glück, unsagbares Glück. Ich habe erlebt: „Siehe, Ich habe vor dir gegeben eine offene Tür, und niemand kann sie zuschließen." (Offenbarung 3, 8.)

Ziba

„Haben Sie schon Ziba kennengelernt?" fragte man mich.

„Nein! Wer ist Ziba?"

„Nun, die Zigeunerin neben dem Wehr am Stadttor, in dem kleinen Zigarrenladen."

Ich zuckte die Schultern. Weder Ziba, die Zigeunerin, noch der Zigarrenladen waren mir ein Begriff. So beschrieb man mir den Weg und raunte mir allerlei Merkwürdigkeiten ins Ohr, die ich nicht glauben konnte, die aber meine Neugierde wachriefen. Am besten, man überzeugte sich selbst einmal davon.

Jede Begleitung freundlich ablehnend, machte ich mich eines Nachmittags auf den Weg. Ich ging durch den Kurgarten, überquerte das kleine Wehr, und dann stand ich an der Stadtmauer. Lustig plätscherte das kleine Bächlein an meiner Seite. Suchend tasteten meine Blicke die Häuserreihe entlang.

Da — das mußte es sein! Drei ausgetretene Steinstufen führten hinauf in das Lädchen. Zu erkennen war in keiner Weise, daß man dort Rauchwaren kaufen konnte. Kein Schild oder sonst irgend etwas wies darauf hin, wie's sonst üblich ist. Nur das eigenartige Glockengeläut hatte verraten, daß dort das mir beschriebene Lädchen sein mußte.

Das windschiefe, uralte Häuschen schien zwei Jahrhunderte überdauert zu haben. Es sah so aus, als müßten die beiden nebenstehenden Häuser dieses alte, vom Sturm und Wetter schiefgewordene Häuschen mitleidig stützen, damit es nicht vornüber falle. Es machte mir Freude, das eigenartige Glockenspiel erneut zu hören, als ich durch die kleine, in den Angeln ächzende Tür hindurchschritt. Gedämpftes Licht herrschte im Raum, und man mußte sich erst ein wenig an die schummrige Beleuchtung gewöhnen. Vor dem Ladentisch hatten kaum zwei Käufer zur selben Zeit Platz, so eng war's in dem Lädchen. Der junge Mann vor mir war recht wählerisch in der Auswahl seiner Zigaretten. So hatte ich Muße genug, mir die Ziba in Ruhe zu betrachten.

"Gott kann mich nicht lieben..."

Das Alter war schlecht zu bestimmen. Ihr glattgescheiteltes schwarzes Haar war tief im Nacken zu einem Knoten kunstvoll verschlungen und wurde mit einem mit glitzernden Steinen besetzten Haarpfeil lose zusammengehalten. Langes Ohrgehänge und kostbare Reifen an Armen und Händen blitzten bei jeder Bewegung verlockend auf. Feingliedrige goldene Halsketten bedeckten den Ausschnitt ihrer weißen Seidenbluse. Ein giftgrüner Rock umschloß ihre schmalen Hüften.

Das also war Ziba — aufreizend, verführerisch, wie man sie mir beschrieben und geschildert hatte! Doch das Seltsamste waren die abgründigen, dunklen Augen, die Funken sprühten, sobald sie lachte und ihre weißen ebenmäßigen Zähne blitzen ließ — die aber auch im nächsten Augenblick so traurig und schwermütig dreinschauen konnten, als trüge sie an einem schweren, verborgenen Leid. Das waren so meine ersten Eindrücke. Ob es mir gelingen würde, einen Zugang zu ihrem Herzen, zu ihrer Seele zu finden?

Als der junge Mann gegangen war, kaufte ich Zigaretten. Es war widersinnig. Nie würde ich sie brauchen. Nun, man konnte sie ja verschenken.

Ich ließ mich von Ziba beraten. Ob ich sie denn nicht selber rauchen wolle. Nein! Ein Leben ohne Rauchen wäre doch entsetzlich, meinte sie. Oh, ich sei auch so glücklich, sagte ich ihr.

„Glücklich?! — Oh, ja, das sieht man dir an!"
„Ziba, bist du denn nicht glücklich?"
„Nein!"
Langsam nur kommt das Wort von ihren Lippen.

„Warum fragst du mich danach? Noch nie hat mich jemand danach gefragt!"

„Hat dich denn niemand lieb, Ziba?"

„Mich lieb? — — Nein, niemand! — Sie wollen sich nur alle vergnügen, ihren Spaß mit mir haben."

„Aber Gott hat dich lieb, Ziba!"

Traurig schüttelte sie den Kopf. „Gott kann mich nicht lieben. In mir ist Haß. — Doch sprechen wir jetzt nicht davon! Komm ein andermal wieder, hörst du? Dann erzählst du mir von deinem Glück, aber nicht jetzt! Bitte, geh jetzt! Komm morgen abend nach Geschäftsschluß zu mir. Willst du?"

Ich gab ihr die Hand und versprach, zu kommen. Ob Gott mir Gnade schenken würde, einen Weg zu ihrem Herzen zu finden? Ich betete sehr darum. Was hatte sie gesagt? Es sei Haß in ihrem Herzen? Ach, daß die Liebe Gottes darin Raum gewinnen könnte!

Zu Gast bei Ziba

Am nächsten Abend ging ich zu ihr. Das mir schon vertraute Glockenspiel empfing mich. Die Tür war nicht verschlossen. Es war völlig dunkel im Lädchen. So wartete ich. Der schwere Vorhang bewegte sich und wurde zur Seite geschoben. Licht fiel vom Stübchen her auf Ziba. Sie sah heute ganz anders aus. „Wie eine Fürstin der Pußta!" mußte ich unwillkürlich denken.

„Komm!" sagte sie, „mit dir kommt der Friede in mein Haus, denn du bist glücklich!"

Das also war Zibas Reich! Sie bot mir auf ihrem Sofa Platz an. Sie selber hockte sich auf einen Schemel nieder und schenkte mir Tee ein. Staunend glitten meine Blicke umher. Wahrlich, ein winziges Reich, kaum daß zwei Menschen darin Platz hatten. Bunte ungarische Teppiche schmückten die Wände. Kunstgegenstände besonderer Art — und sicher auch von besonderem Wert

— standen auf kleinen Borden und auf dem kleinen Tischchen vor uns. Ein Rauchverzehrer — eine Eule mit hellerleuchteten Augen — erschreckte mich in einer Nische hinter mir. Unruhig flackerte eine eigenartig geformte Kerze im leisen Luftzug und hüllte den Raum in ein dämmriges Licht. Etwas unbeschreiblich Drückendes, ich hätte es nicht in Worte kleiden können, legte sich mir wie lähmend auf Herz und Seele.

„Schön hast du's hier, Ziba!"

Sie nickt. „Aber bei dir ist das Glück und auch der Friede."

„Woher weißt du das, Ziba?"

„Das spürt man. Darin täusche ich mich nie. Solche Menschen wie du kommen sonst nicht zu mir. Komm, gib mir deine Hand! Ich will dir aus Dank dafür, daß du gekommen bist, die Zukunft sagen."

„Ziba, mein Leben, meine Zukunft liegt in Gottes Hand, einzig und allein dort. Wahrsagen — Zukunftdeuten ist Sünde!"

Ein dunkler Blick trifft mich. Und nach einer Weile fährt sie fort: „So sag mir von deinem Glück! Hast du einen guten Mann?"

Ich erzähle ihr von meinem kurzen Eheglück — vom Leid, das kam, aber dann auch von einem Gotterleben, von Friede und Freude in Jesus Christus.

Sie unterbricht mich mit keinem Wort. Dann aber kommt es langsam, nachdenklich von ihren Lippen: „Du bist eine sonderbare Frau — mit Leid gesegnet! Und doch ist Friede und Glück in deinem Herzen. Ich kann nicht verstehen, daß du segnest, wo du hassen müßtest. Wo bei mir Haß ist, da ist bei dir Liebe."

Behutsam nehme ich sie mit nach Golgatha, Schritt für Schritt, und sage ihr in ihr haßerfülltes Herz hinein von der Liebe, die Jesus zu uns elenden, armseligen und verlorenen Menschen hat — und auch zu ihr — der Ziba.

Der Blutrache verfallen

Sie lauscht, als hätte sie eine solche Botschaft noch nie in ihrem Leben gehört und vernommen. Die Kerze flackert unruhig im leisen Luftzug. Es scheint ein Gewitter heraufzuziehen. Schwül war es schon den ganzen Tag. In der Ferne wetterleuchtet es.

„Bei uns gilt das Gesetz der Blutrache, nicht das der Liebe", sagt Ziba plötzlich in die drückende Stille hinein. Der Ton, in dem sie es sagt, liegt wie Unheil verkündend und drohend im schummerigen Gemach. Sie zieht vor meinen erstaunten Augen einen blitzenden Gegenstand aus den Falten ihres Gewandes und legt im flackernden Schein der Kerze einen kleinen, zierlichen Dolch auf den Tisch. Ein kalter Schauder läuft mir über den Rücken.

„Hast du Angst? Fürchtest du dich nun vor mir? Bereust du, daß du zu mir gekommen bist?"

Ihre Fragen klingen an mein Ohr, als hätte ein Kind sie an mich gerichtet, als läge zu gleicher Zeit die Bitte darin: „Oh, sag nur nicht, daß es dir leid tut, daß du gekommen bist!"

Meine Gedanken, mein ganzes Inneres, es flüchtet sich unter das Kreuz von Golgatha. So kann ich ihr antworten: „Ziba, die Liebe Jesu Christi ist tiefer als das Meer und größer als der Ozean. Darin ertrinkt auch euer Gesetz der Blutrache. Laß Liebe dein Panier sein und nicht Rache! Warum sollte ich mich vor dir fürchten? Ich habe dich von Herzen lieb!"

Da drückt sie mir heftig die Hand und fängt an, von sich zu erzählen. Geboren ist sie in einer Nacht am Lagerfeuer in der Pußta, unter freiem Himmel. Ihre Vorfahren sind noch Nomaden gewesen. Es ist, als erlebe ich die ungarische Steppe, das Lagerleben, das ungezügelte heiße Blut der fahrenden Zigeuner in Spiel und Tanz und Messerstechereien in Gasthäusern und unterwegs, wenn Sippen aufeinanderstoßen. Ja ich ahne, ohne es ganz zu begreifen und zu erfassen, das eiserne ungeschriebene Gesetz der Blutrache, das unausgesprochen und doch als unbestechliche Wahrheit über diesem Volk steht und regiert. Ich nehme mit ihrer Sippe teil an Festgelagen, an ihrer Hochzeit, an der Geburt ihres einzigen Kindes, ihrer Tochter Radi.

In der Ferne grollt der Donner. Das Gewitter scheint näherzukommen. Ziba hält im Erzählen inne. Die Kerze ist am Erlöschen. Sie zündet eine neue an. Wie das Unwetter näherrückt, so entlädt sich auch die ganze Not, der ganze bittere Haß aus Zibas Herzen, als sie mit fliegendem Atem von der Entführung ihrer Tochter spricht, von dem hergelaufenen Gaukler, der ihr Kind an sich gelockt, verführt und es dann entführt hat. Er hat die Gesetze der Sippe, die ihnen heilig sind, durchbrochen und mißachtet. Rache, blutige Rache hat sie dem Verführer unter Eid geschworen, der ihr Kind geschändet und entführt hat. Sie selbst hat es auf sich genommen, diese Rache zu vollziehen. Sie hat sich von ihrer Sippe gelöst und lebt nur noch dem einen Gedanken der Rache. Ein Zurück gibt es nicht mehr. Geld genug ist da, mit dem sie ihr eigenes Leben fristen kann. Irgendwoher zieht sie ein Säckchen hervor.

„Sieh mal, das ist Gold, reines Gold! Es würde reichen bis an mein Lebensende und darüber hinaus. Ich brauche hier nicht mit dem Verkauf von Rauchwaren mein täglich Brot zu verdienen. Aber — ich warte — ich warte jeden Tag erneut! Unter den vielen Fremden, die hierher kommen, wird er eines Tages erscheinen, dem meine Rache gilt. Ich weiß es. Ich lese es in den Sternen, und die Karten sagen es mir immer wieder, daß er kommt. Dann, dann werde ich meinen Schwur einlösen und mein Kind rächen."

„Aber, Ziba, denk doch an dein Kind, das du unglücklich machst und an dem du dich versündigst!"

„Kommt Radi nicht zu mir zurück, so werde ich auch sie töten und dann mich. Ich fürchte mich nicht davor. Mein Leben ist dann erfüllt."

Ein heftiger Luftzug vom Fenster her löscht die Kerze aus. Blitz auf Blitz zuckt hernieder und läßt den kleinen, blitzenden Gegenstand auf dem Tisch immer wieder im grellen Licht aufleuchten. Das Unwetter tobt. Es ist fast, als hätte die Natur draußen sich mit dem Leben dieser armen, haßerfüllten Zigeunerin vereinigt, als würde zur Wahrheit, was Ziba geschworen hat.

In all das Tosen des Unwetters hinein greift Ziba plötzlich hinter sich. Durch die immer greller aufleuchtenden Blitze seh ich, daß sie ein Schifferklavier auf dem Schoß hält. Sie spielt zarte, hingehauchte Weisen, als seien es Wiegenlieder. Leise, innig erklingen die Töne. Dazwischen rollt der Donner und zucken unaufhaltsam die Blitze. Lebendiger werden die Weisen, sie schwellen an und erheben sich zu einem Orkan, der über die einsame Pußta jagt und nur ein Ziel kennt: die Blutrache! Zutiefst aufgewühlt sitze ich da. Ich hätte schreien mögen, davonlaufen in das Unwetter hinaus, nur fort, fort von all dem furchtbaren Haß, fort von diesen entsetzlichen Mächten der Finsternis, die Ziba umgeben!

Aber nichts von alledem geschieht. Das hieße ja, sie allein zu lassen in all ihrer entsetzlichen Not, in dem Haß der Hölle, der in ihr lodert und sie aufzehrt. Mit gefalteten Händen sitze ich da und kann nicht einmal beten.

Die rettende Wende

Jählings bricht Zibas Spiel ab. Das Schifferklavier gleitet dumpf auf den Teppich. Ziba liegt vor mir auf der Erde, und Schluchzen erfüllt den Raum. Das Haar hat sich gelöst und hängt, durch das wilde Spiel zerzaust, wirr um ihre schmalen Schultern.

Ein Bild zum Erbarmen ist sie in ihrem Leid. Da kann ich nicht anders! Die Macht von Golgatha ist größer als alle Finsternismächte der Hölle. Eine Hand ergreift den Dolch vom Tisch, die andere ruht auf Zibas

Haupt. So rufe ich laut den Namen Jesu Christi an, fest an den Sieg von Golgatha glaubend. Ich bitte Jesus, die Macht der Hölle und des Hasses der Blutrache in Zibas Herzen zu zerstören durch die Macht der Liebe Jesu und ihr an die Stelle des Hasses barmherzige Liebe ins Herz zu senken. Ihr Schluchzen geht in leises Weinen über. Plötzlich umschlingt sie meine Knie und ruft laut:

„Sag, was für eine Macht ist das, die über dir ist und dir dient? Du, du hast den Fluch von mir genommen. Du hast über mich, über diesen Dolch gebetet. Nun, nun kann ich nicht mehr damit töten. Es würde mir nicht mehr gelingen, wenn ich's auch wollte. Nimm ihn! Es klebt noch kein Blut daran bisher — aber, nimm ihn von mir — ehe — ehe ich mich selbst damit töte!"

Der Morgen graut, als ich Ziba verlasse, und sie noch für kurze Stunden erschöpft auf ihr Lager sinkt. Ob die Liebe Jesu in ihrem Herzen Sieger geblieben ist? Ich glaube es.

Abend für Abend ging ich dann zu ihr, solange ich noch am Orte weilte. Wie ein Kind lernte sie mit Freuden Strophe für Strophe des Liedes auswendig:

> „Gott ist die Liebe,
> läßt mich erlösen.
> Gott ist die Liebe;
> Er liebt auch mich."

Ja, Ziba, Er liebt auch dich!

Welch eine Freude! Am letzten Abend vor meiner Abreise dankte Ziba zum erstenmal — ganz allein aus sich — Gott für Seine Liebe in Jesus Christus auf Golgatha, die auch die Blutrache in ihrem Herzen ausgelöscht und dafür tiefen Frieden in ihr Herz geschenkt hat. Sie wartet weiter auf ihr Kind — auf ihre Radi —, doch mit einem Herzen verzeihender Liebe.

Gern hätte ich ihr Gottes Wort dagelassen — aber sie konnte weder lesen noch schreiben. Das, was an ihrem Herzen geschah, ist ein Wunder, das sie selber nicht zu fassen vermag: sie darf lieben, anstatt zu hassen.

Daß die Liebe Jesu Macht hat auch über die größte Finsternis, dafür zeugt noch heute der zierliche Dolch in meinen Händen, den ich zu einem Brieföffner umarbeiten ließ.

Und darum: „Daß Jesus siegt, bleibt ewig ausgemacht!" — Er siegt auch in Zigeunerherzen.